guía de
meditación

Lorraine Turner

p

NOTA
La información contenida en este libro no pretende ser un substituto del consejo médico. Cualquier persona bajo tratamiento facultativo debería consultar a profesionales médicos o terapeutas cualificados antes de empezar cualquiera de los programas de ejercicios descritos en este libro.

S u m a r i o

Introducción

Durante siglos, las personas han utilizado la meditación como una de las formas de conseguir la armonía interior. Las principales religiones del mundo, como el budismo, el islamismo, el hinduismo o el cristianismo, incluyen la práctica de la meditación como medio para alcanzar la iluminación espiritual. La meditación mejora la concentración, aumenta la autoconciencia, ayuda a combatir el estrés, relaja y da fuerzas para afrontar los problemas. La meditación también puede contribuir a que nos relacionemos mejor con los demás. Mucha gente que medita consigue incrementar su bienestar físico y mental, y algunos han logrado vencer la depresión y la adicción a las drogas, la cafeína o el alcohol.

Buda alcanzó la iluminación por medio de la meditación y dedicó el resto de su vida a enseñar a los demás lo que había aprendido.

Control mental

Es indudable que la capacidad mental del ser humano para analizar, discriminar, planificar y comunicarse lo ha llevado a donde está ahora. No obstante, esta capacidad mental puede ser un arma de doble filo. A pesar de que el cerebro nos ayuda a razonar, a pensar de forma creativa o a relacionarnos con los demás, si no aprendemos a "desconectarlo", nos puede llegar a abrumar. En efecto, la mente puede perseguirnos con su miedo al fracaso, hacernos pensar que somos poco atractivos o preocuparnos por la opinión que los demás tengan de nosotros. La meditación puede aliviarnos de estas angustias, pues nos ayuda a silenciar el "parloteo" mental y nos enseña a reconocer y desechar los pensamientos negativos, aportándonos un sentimiento de paz y sosiego.

"Todo lo que necesitas es sumergirte en tu interior y esperar a que se abra y se revele por sí solo. Todo lo que tienes que hacer es callar y tomarte el tiempo para saber lo que tu interior alberga y así, seguramente, lo encontrarás."

Eileen Caddy

Beneficios para la salud y el trabajo

Estudios clínicos sobre los efectos de la meditación muestran resultados muy alentadores, ya que han demostrado que alivia dolencias como migrañas, insomnio, síndrome del intestino irritable, síndrome premenstrual, ansiedad, ataques de pánico, producción excesiva de "hormonas del estrés", desajustes de la presión arterial; además de mejorar la circulación sanguínea. Tales estudios indican también que la meditación contribuye a controlar los ritmos cardíaco y respiratorio, así como a aumentar la satisfacción y el rendimiento laboral. Por ello, algunos médicos reconocen los beneficios de la meditación y muchos de ellos recomiendan ejercicios de meditación y técnicas de relajación a sus pacientes para el tratamiento de dolencias relacionadas con el estrés.

La meditación es para todos, no importa cuál sea su estilo de vida.

Meditación para todos

En la actualidad, la meditación ha dejado de ser un asunto reservado a místicos, yoguis o filósofos. Muchos artistas y músicos famosos, entre los que se cuentan los Beatles, Tina Turner o Richard Gere, han reconocido el valor de la meditación. Ya no es necesario ser religioso o tener una gran cantidad de tiempo libre para meditar, usted mismo puede hacerlo, no importa su edad o lo ocupado que esté. Si quiere saber cómo combatir el estrés, conocer más de sí mismo, o simplemente sentirse mejor, este libro está especialmente indicado para usted.

El progreso de hoy en día se lo debemos a la mente, pero hemos de aprender a controlarla.

PARTE I: FUNDAMENTOS

¿Qué es la meditación?

La meditación es mucho más que una simple relajación. Durante la relajación, la mente divaga de forma incontrolada, mientras que en la meditación la mente está alerta y concentrada. Si utilizamos la meditación para reducir la dispersión de nuestra mente, tomamos mayor conciencia de todo, experimentando así las cosas tal y como son en realidad.

Practicar la meditación

De hecho, existen miles de ejercicios diferentes de meditación. Sin embargo, muchos de ellos comparten un mismo principio: empiezan con una fase de relajación y luego centran la atención de la mente en un objeto, imagen o sonido determinado. Cada vez que la mente se extravía, es reconducida de forma delicada, pero firme, al objeto de atención.

   Al principio, a muchas personas les resulta bastante difícil meditar, sobre todo si están acostumbradas a que su mente divague con absoluta libertad. No obstante, este inconveniente puede ser superado con un poco de práctica. Incluso en el caso de que usted sólo sea capaz de meditar durante dos minutos, si practica con cierta regularidad, muy pronto se verá recompensado: la meditación es realmente muy agradecida. Si al principio usted le dedica unos cinco minutos diarios, enseguida comprobará cómo está deseando que llegue el momento dedicado a la meditación, y lo disfrutará como un tiempo muy especial para usted.

Existen muchas formas de meditar. Algunas proponen ejercicios de concentración sobre un objeto en particular, como una hoja o un sonido, mientras que otras utilizan cantos,

Usted puede meditar de muchas maneras distintas. Meditar, aunque sólo sean cinco minutos al día, puede marcar la diferencia de su bienestar.

o bien buscan, en cierto modo, suprimir o expandir los sentidos. Otras implican la contemplación de un concepto, como por ejemplo el amor, la ira o la vejez. Usted puede combinar distintos métodos según le convenga. De esta manera, por ejemplo, podría empezar concentrándose en su respiración y pasar luego a contemplar la naturaleza del concepto de la amistad.

Restablecer el equilibrio

La meditación nos ayuda a restablecer el equilibrio entre la parte izquierda y la derecha del cerebro. En la parte izquierda del cerebro reside el pensamiento, el habla y la escritura. Cuando estamos despiertos y en un estado mental de pensamiento intenso, el cerebro emite impulsos eléctricos más rápidos: las ondas "beta". En este estado somos capaces de razonar y pensar sobre el pasado y el futuro.

En la parte derecha del cerebro reside la intuición, la imaginación y los sentimientos. Cuando sentimos algo –como por ejemplo, al escuchar música– y estamos en un estado más receptivo que activo, el cerebro emite impulsos nerviosos más lentos: las ondas "alfa". En estado alfa estamos más pasivos y abiertos a los sentimientos. Solemos estar así cuando vivimos el presente, en lugar del pasado o el futuro. El estado alfa acostumbra a surgir justo antes o después de dormir, pero no durante el sueño. (Cuando dormimos nuestro cerebro emite otras ondas, denominadas "delta".)

Cuando estamos despiertos, estamos casi siempre en estado beta, mientras que en estado alfa sólo pasamos cerca de una hora diaria.

La meditación restablece el equilibrio entre ambas partes del cerebro, puesto que incrementa el tiempo que pasamos en estado alfa, contribuyendo así a que sintamos y experimentemos el mundo de forma directa, en tiempo presente, antes de que las sensaciones sean "interpretadas" por la parte izquierda del cerebro.

Alfa	Beta
Receptivo	Activo
Intuición	Pensamiento
Presente	Pasado/futuro
Relajado	Tenso
Ser	Hacer
Escuchar	Hablar
Imaginación	Cálculo

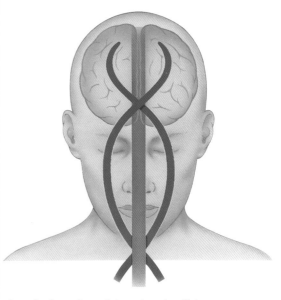

La meditación puede contribuir a mejorar el equilibrio entre la parte pensante y la parte emocional del cerebro.

Cómo encontrar tiempo para meditar

Si usted lleva una vida muy ajetreada, quizás se pregunte de dónde puede sacar el tiempo para meditar. Muchos de nosotros tenemos compromisos laborales y familiares. Pero, a menudo, lo que necesitamos para poder incorporar la meditación en nuestra vida cotidiana es un poco de planificación y reorganización. Con el tiempo, la meditación se convertirá en un hábito.

Meditar de forma regular

Cuando se menciona la palabra "meditación", mucha gente piensa automáticamente en ermitaños y monjes ascetas que pasan días enteros en estado de trance, aislados en sus cuevas y templos.

A pesar de que algunos "meditadores" invierten su tiempo de esta manera, para

la mayoría de personas no es necesario llegar a tales extremos. Un par de minutos de meditación son suficiente, pero, si quiere progresar de forma estable y significativa, es conveniente que medite regularmente.

Planificación efectiva del tiempo

Si su ritmo de vida es frenético y lleno de compromisos, puede que le resulte difícil incorporar otra actividad más a su vida diaria. No obstante, si se propone la meditación como un compromiso consigo mismo, es más probable que encuentre tiempo para ello. El tiempo durante el que medita es un tiempo que usted se dedica enteramente a sí mismo; sólo por esto, ya vale la pena hacerlo. Después de todo, cualquiera tiene derecho a dedicarse cinco minutos al día.

Administrar el tiempo de forma más efectiva le aportará también otros beneficios: se sentirá mejor organizado, menos presionado y

Una vida ajetreada no es un impedimento para practicar la meditación; tan sólo necesita algunos minutos al día.

Hacer un plan horario de toda la semana le puede ayudar a reservar tiempo para la meditación.

dispondrá de más tiempo libre. Todo esto le ayudará a vivir más relajadamente y así poder concentrarse más en la meditación, lo que, a su vez, contribuirá a que se sienta más sereno.

Ahorrar tiempo

Encontrar un hueco para la meditación no es tan difícil. Comience por hacer un plan horario de toda la semana; no tiene que ser algo muy elaborado y exacto, bastan unos apuntes sobre un trozo de papel. Haga una lista de las cosas que hace normalmente, como ir al trabajo (incluido el tiempo del transporte), acompañar a los niños a la escuela o hacer las compras el sábado por la tarde. Calcule de forma aproximada a qué hora se acuesta cada noche y no modifique este apartado.

Cuando tenga todos sus quehaceres habituales apuntados en el papel, realice una nueva lista donde consten las cosas que debería hacer normalmente, pero para las que casi nunca tiene tiempo, como por ejemplo: arreglar

el jardín o archivar sus facturas y cartas. Asígneles un tiempo a tales tareas. Si no sabe cuánto tiempo le llevan, y teniendo en cuenta que estos quehaceres varían de una semana a otra, resérveles tres horas en algún momento de la semana.

Después de todo esto, eche de nuevo un vistazo a su plan horario de la semana. Es posible que se sorprenda al ver que cuenta con más tiempo del que pensaba al principio. Ahora, averigüe en qué suele invertir el tiempo sobrante. Quizás, por ejemplo, ve la televisión más tiempo de lo que cree o hace cosas para otros que bien podrían realizar ellos mismos. Si en su plan quedan muchos espacios libres de los que no sabe dar cuenta, puede serle útil llevar un diario de todas las actividades de la semana, anotando el tiempo que dedica a cada una de ellas. Entonces, es posible que compruebe que las compras le toman el doble del tiempo previsto, o que ha olvidado incluir algún quehacer en su programa. El diario le permitirá detectar todas estas cosas y le ayudará a rellenar las casillas en blanco de su plan horario semanal.

Asignar un tiempo a la realización de las tareas de la casa contribuirá a que éstas le resulten más agradables.

Priorizar y delegar tareas

Ahora, ya puede hacer una lista de las tareas que siempre quiere hacer, pero para las que nunca dispone de tiempo, como pintar la puerta de la entrada, llamar a un familiar o amigo, engrasar unas chirriantes bisagras, etc. Inclúyalo todo, no importa lo insignificante que le parezca. Luego, deles un orden de prioridad, asignándoles un número a cada una. Por ejemplo, el número 1 para lo más urgente, el 2 para lo siguiente y así sucesivamente. A continuación, coja su plan horario semanal y asígnele el tiempo que crea conveniente a cada quehacer. En cuanto los haya realizado, póngales una marca y, a medida que vayan apareciendo nuevas tareas, añádalas a la lista. Si lo cree necesario, reordénelas de nuevo.

Saque tiempo para dedicárselo a sí mismo.

Aprenda a delegar y atribuya a cada cual su respectiva tarea doméstica.

Una vez completado el plan horario de la semana, estudie de cuánto tiempo dispone. Es muy posible que todavía le quede algún hueco vacío. En caso contrario, observe con atención su plan horario y establezca un orden de prioridad. Si aún así, sigue sin disponer de tiempo, entonces habrá descubierto su problema: ¡usted trabaja demasiado! Si es ése el caso, debe tomar medidas para remediar la situación: busque ayuda y delegue todos aquellos quehaceres que no requieran su intervención directa.

Si dedica demasiado tiempo al trabajo doméstico o a cuidar a otras personas que puedan hacerlo por sí mismas, pídales ayuda a ellas también. En ocasiones, basta con un toque de atención para que la gente se ponga en acción. Con todo, si sus demandas son ignoradas: ¡sosténgalas con firmeza!

Otras formas de ahorrar tiempo

Cambiar ciertos hábitos cotidianos puede ahorrarle mucho tiempo al cabo del día. Intente algunas de las sencillas técnicas que se indican a continuación y compruebe cuánto tiempo puede ahorrarse diariamente:

- Abra su correo cerca de una papelera y deseche los elementos innecesarios.
- Responda a las cartas el mismo día que las reciba.
- Archive las cosas inmediatamente después de haber trabajado con ellas.
- Controle el tiempo que invierte en llamadas telefónicas. Si alguno de sus conocidos es muy charlatán, llámelo en aquellos momentos que sabe que no podrá alargar mucho la conversación, como por ejemplo justo antes del programa favorito de la persona en

Limitar el tiempo que dedica a las llamadas telefónicas puede ser una manera estupenda de ganar tiempo.

cuestión. Su cuenta de teléfono y su plan horario semanal se lo agradecerán.

- Limite el tiempo que ve la televisión. Escoja los programas que realmente desee ver y apague el televisor en cuanto acaben.
- Sea precavido con la gente que le sobrecarga de trabajo. Por ejemplo, si alguien le dice: "Puedes llamar a fulano y a mengano", dígale que no tiene tiempo y sugiérale que haga él mismo las llamadas.

Y esto son sólo unos cuantos ejemplos de cómo conseguir tiempo para meditar, pero existen muchas formas más de ahorrar tiempo. Intente algunas de las sugerencias que le hemos ofrecido, para empezar lo antes posible con su programa de meditación y disfrute de los beneficios que su práctica regular le ofrece.

Preparándose para meditar

En un mundo ideal, todos deberíamos contar con un lugar específico para meditar, un silencioso santuario donde, en cuanto entrásemos, el estrés de cada día se desvaneciera y desapareciese, dejándonos en el estado de ánimo perfecto para la práctica de la meditación. No obstante, en la vida real, la mayoría de nosotros no disponemos de tal lujo; es posible que ni siquiera podamos escoger el sitio para meditar en un momento dado.

Crear espacio para la meditación

Si en su casa no dispone de una habitación libre para meditar, busque un rincón tranquilo que pueda reservar para tal propósito. Si destina un rincón determinado como lugar de meditación, su cerebro lo asociará a sensaciones de calma, por lo que siempre que vaya allí conseguirá rápidamente entrar en el estado mental correcto para la meditación. Pero tampoco se preocupe si eso no es posible, en cualquier sitio puede usted crear el ambiente adecuado añadiendo una silla "especial" o poniendo música apacible, como por ejemplo música clásica. No medite en la cama, porque es muy fácil que se quede dormido.

Aprender a improvisar

Si en su casa no dispone de un lugar tranquilo donde poder meditar de forma regular, no se preocupe, hay muchos otros donde hacerlo. Todo lo que precisa es un poco de imaginación y capacidad para improvisar. Así, si hace buen tiempo, ¿por qué no ir a un parque cercano? Una vez allí, escoja un rincón tranquilo y siéntese en un banco o en la hierba apoyado contra un árbol. Si llueve, es posible que en ese mismo parque haya una glorieta que pueda utilizar.

Las velas, las imágenes o un quemador de aromaterapia son elementos que puede incorporar en su rincón de meditación.

Si tiene la gran suerte de vivir cerca de un escenario como el de la foto, entonces ya tiene el lugar ideal para meditar.

Lo más importante del sitio escogido para meditar es que esté a salvo de interrupciones y sea tranquilo, aunque se encuentre en pleno centro de la ciudad. Si hace mal tiempo, la biblioteca pública, la iglesia o su propio coche pueden ser lugares alternativos de meditación.

Para conseguir una "buena atmósfera", antes de empezar y una vez finalizada la meditación, trate de escuchar música apacible a través de unos auriculares o bien llévese alguna cosa consigo que le pueda servir de inspiración, como unas flores o algún objeto especial.

Su ropa debe ser cómoda y holgada. Si piensa salir al exterior, coja alguna prenda de abrigo: el frío se deja sentir con mayor intensidad cuando uno se queda quieto durante un rato.

Espontaneidad

Si bien es cierto que contar con un sitio y una atmósfera adecuados le ayudarán a meditar, muchas veces le apetecerá hacerlo en cualquier sitio, sin preparación previa alguna. Por ejemplo, es posible que se le ocurra meditar en el tren o en el autobús. Es una buena idea, tal y como verá más adelante. En efecto, a medida que progrese con esta práctica podrá meditar en cualquier parte, incluso en los lugares más concurridos.

Escuchar música tranquila puede ayudarle a relajarse y le prepara para la meditación.

Postura y respiración

Una postura y una respiración correctas son esenciales para la buena práctica de la meditación, pero no debe torturarse intentando realizar difíciles posturas de yoga o complicadas técnicas respiratorias. La meditación ha de ser algo agradable y divertido. Eso sí, para meditar debe sentirse cómodo y asegurarse de que no le interrumpirán durante un buen rato.

Posturas básicas

Existen muchas posturas diferentes para meditar, pero, de momento, concéntrese en las que le mostramos a continuación.

Postura sentada

Para esta postura puede utilizar una silla, taburete o banco. Siéntese con la espalda bien recta. Mantenga su cabeza y columna alineadas. Deje que las manos descansen cómodamente sobre las rodillas o sobre los brazos de la silla. Los muslos deben estar paralelos al suelo. Si utiliza una silla, procure no apoyar su espalda contra el respaldo.

Quizás prefiera sentarse en una silla en lugar de en el suelo; en ese caso, asegúrese de poner la espalda bien recta.

Postura de piernas cruzadas

Siéntese en el suelo con las piernas cruzadas. No es preciso que ponga los pies sobre los muslos a la manera de los yoguis indios, de hecho, debería evitar hacerlo, a menos que esté muy entrenado en el yoga. Sencillamente, siéntese en el suelo y cruce las piernas, colocando los pies bajo las mismas. Siéntese con la espalda bien recta y la cabeza y columna vertebral alineadas. Repose las manos sobre las rodillas. Si le resulta más cómodo, utilice un cojín para sentarse en esta postura.

Antes de comenzar, tómese un poco de tiempo para hallar una posición que le resulte cómoda.

Postura de rodillas

Arrodíllese en el suelo con las rodillas juntas, las nalgas sobre los talones y los dedos de ambos pies casi en contacto. Mantenga la espalda recta y la cabeza y la columna vertebral alineadas, y deje reposar las manos sobre los muslos. Si le resulta más cómodo, ponga un cojín sobre los talones y siéntese encima.

Postura de rodillas.

Postura tendido en el suelo

Esta postura se conoce en yoga como Shavasana, o postura del "cadáver". Sencillamente, tiéndase boca arriba sobre un suelo alfombrado o una colchoneta. Las piernas deben estar estiradas, pero relajadas. Deje los brazos descansar cómodamente a ambos lados del cuerpo. Esta postura no es la ideal para meditar, ya que es mucho más fácil dormirse estando tendido. Sin embargo, puede serle muy útil si se siente estresado y necesita relajarse (véase pág. 17), o si está muy cansado y necesita fortalecerse.

Postura tendido en el suelo.

Contar la respiración

Éste es uno de los tipos de meditación más fáciles y conocidos. Realícelo tanto tiempo como le resulte cómodo. Al principio, es posible que sólo aguante unos cuantos minutos, pero, si puede, intente ir aumentando hasta llegar a 20 minutos.

Adopte la postura sentado con las piernas cruzadas (véase foto página anterior). Cierre los ojos, relaje el cuerpo y realice unas respiraciones normales.

Centre su atención en su respiración. Después de cada espiración, pero antes de inspirar, cuente en silencio tal y como se indica: "uno" (inspire, espire), "dos" (inspire, espire), y así sucesivamente hasta llegar a "cinco", después, vuelva a comenzar por "uno".

Sienta cómo el aire entra y sale de sus pulmones mientras respira. Enseguida podrá comprobar, mientras lleva la cuenta, cómo su mente intenta distraerse con todo tipo de pensamientos. En ese caso, y cada vez que sea necesario, recondúzcala de nuevo de forma delicada hacia la respiración. Cuando haya finalizado, salga despacio de la meditación y abra los ojos.

Relajación

Saber relajarse es esencial para la meditación, pero a menudo resulta difícil. Nuestro estilo de vida es más estresante que nunca, cada vez tenemos más trabajo, presiones familiares y económicas, etc., que pasan factura a nuestros cuerpos y nuestro sosiego mental.

Efectos del estrés

Un poco de estrés es bueno: nos motiva para ponernos en acción y puede incluso salvarnos del peligro. Imagine que está a punto de ser atacado por un tigre. Como respuesta ante este estrés, en el cuerpo se activa inmediatamente el mecanismo de "luchar o huir". El organismo libera adrenalina, con lo que se aceleran los ritmos cardíaco, respiratorio y metabólico, y se liberan ciertas sustancias antiinflamatorias, como cortisol. Los procesos corporales que no son

esenciales de forma inmediata, como el digestivo o el inmunológico, se detienen. Si, una vez desencadenado este mecanismo, usted se pone a correr, la acción física reducirá el estrés, su cuerpo se relajará y volverá a su estado normal.

En la vida normal, no siempre tenemos una válvula para liberar el estrés; no podemos salir huyendo de una reunión, por ejemplo. Así, las sustancias químicas producidas por el estrés permanecen en el organismo, obstruyen los sistemas digestivo e inmunológico y minan nuestra energía. Estos efectos en los procesos corporales pueden causar enfermedades graves.

Una clase de yoga o meditación puede enseñarle las pautas para la relajación total.

Aprender a relajarse

La relajación es vital para una buena salud; sirve para combatir el estrés y proporciona al cuerpo el tiempo necesario para que recupere energía. También es muy importante relajarse antes, durante y después de la meditación, para conseguir y mantenerse en estado mental alfa (véase pág. 7). A continuación, unas sugerencias para ayudarle a relajarse:

- Tómese un baño caliente tonificante.
- Escuche música tranquila.
- Deje que le den un masaje.
- Acuda a una clase de yoga o grupo de relajación.

Recibir un masaje puede ser una manera estupenda de relajar la tensión de su cuerpo.

Relajar el cuerpo

Puede realizar este ejercicio de forma independiente, o bien incluirlo antes o después de otros ejercicios de meditación.

1   *Colóquese en la postura tendida en el suelo (véase pág. 15). Cierre los ojos y respire de forma natural. Desplace su atención hacia la parte superior de la cabeza y sienta si existe alguna tensión en esa zona. Cuando la haya localizado, relájese y aflójela. Sienta el suave movimiento de la respiración.*

2   *Desplace su atención hacia abajo, pasando por la frente, y deshaga cualquier tensión que encuentre. Relaje el entrecejo, los párpados, las orejas, las ventanas de la nariz, la boca y las mandíbulas, liberando la tensión a medida que recorre mentalmente cada una de las partes. Mantenga una respiración normal.*

3   *Desplace su atención hacia el cuello, luego siga hacia abajo, pasando por los hombros, hasta los brazos y las manos. Libere toda la tensión de estas partes del cuerpo. Después concéntrese en el pecho, corazón, estómago, abdomen, nalgas y genitales, relajándolos a medida que los recorre. Continúe mentalmente hacia las piernas y pies y libere toda la tensión de los mismos.*

4   *Descanse un momento. Después de un rato, es posible que note cómo todavía hay ciertas partes de su cuerpo tensas. Si es ése el caso, localice la tensión e insista en aflojar la zona una vez más.*

5   *Salga de la meditación lentamente y abra los ojos. Se sentirá fresco.*

Atención vigilante

Muchos de nosotros consumimos nuestro tiempo como "sonámbulos". Hacemos las cosas de forma automática y no nos damos cuenta de lo que pasa a nuestro alrededor. Así, por ejemplo, cuando estamos sentados en el autobús, estamos pensando en el pasado. Como resultado, nos perdemos momentos preciosos del presente. Puede que incluso no "veamos" los paisajes por los que pasamos o quién está a nuestro lado. Una atención vigilante nos permitirá aprovechar cada momento y vivir el presente con plenitud.

Invertir cierto tiempo para tomar conciencia le ayudará a conectar con la experiencia del momento presente.

Cultivar la atención vigilante, o aprender a estar completamente centrado en el momento presente, aumenta la sensibilidad y la receptividad, a la vez que permite realizar las tareas de forma más eficiente. Así, si un médico escucha con atención vigilante a su paciente, se hará una idea mucho más clara de su problema en ese preciso momento, percibiendo todos y cada uno de los detalles que le aquejan, incluso los más pequeños. Y todo ello redundará en

Muchos de nosotros desperdiciamos los días "enredados en pensamientos", la atención puesta en cualquier cosa excepto en nuestras acciones.

Cultivar la atención vigilante

Una cierta cantidad de actividad automática tampoco es necesariamente perjudicial, ya que nos proporciona el tiempo para recordar cosas y planificar el futuro. Sin embargo, escarbar demasiado en el pasado o en el futuro significa perder el tiempo más valioso: el presente.

una mejor respuesta del doctor frente a las necesidades de su paciente.

Para desarrollar la atención vigilante, usted necesita mantenerse totalmente en el presente, darse cuenta de cada sensación y detalle de lo que sucede en cada momento. Si, por ejemplo, usted escribe una carta con atención vigilante, lo notará todo: el olor de la nueva hoja de papel antes de escribir sobre ella, el tacto de la misma al rozar contra la piel de su mano, el peso del bolígrafo y su colocación entre los dedos, así como el fluir de la tinta a medida que las letras se van configurando, e, incluso, la velocidad del movimiento del bolígrafo y cuáles son sus pensamientos y sensaciones durante el proceso. Nada, no importa lo pequeño que sea, escapará a su atención. Lo verá todo, lo sentirá todo, y lo hará con una sensación de apacible desapego. No tratará de analizar o juzgar cada cosa, sólo, la mirará y la sentirá.

Vivir en el presente

Cuando está viviendo verdaderamente en el presente, cada cosa toma un nuevo sentido. Los colores son más brillantes y vivos, los objetos se perciben con todo lujo de detalles y puede oír cada nota de una pieza musical. Las flores huelen mucho más y todas las sensaciones son más intensas. Usted puede cultivar la atención vigilante mediante la meditación.

Poner atención vigilante sobre la acción más simple hace que todos sus sentidos intervengan activamente.

Meditación con atención vigilante

Esta forma de meditación es excelente para cultivar la toma de conciencia y la atención vigilante. Intente practicarla siempre que pueda.

1 *Saque su mente de donde esté y concéntrese en lo que está haciendo en ese preciso momento. No importa si está de pie, caminando o sentado. Cualquier cosa que esté haciendo –caminando hacia su casa, comiendo o tomando una ducha–, ponga todos sus sentidos en ello. Perciba la fragancia del aire que le rodea, saboree cada bocado de comida y sienta la sensación del agua contra su cuerpo mientras se ducha. Pregúntese a sí mismo, qué hace, qué experimenta y qué siente en cada momento.*

2 *Después de un rato, es posible que note que su mente intenta distraerse. Tome conciencia de los pensamientos que llegan, pero no los siga. Déjelos marchar y, de forma delicada, reconduzca su mente al momento presente. Así, podrá experimentar el apacible estado mental alfa (véase pág. 7). Mantenga esta meditación tanto tiempo como le sea posible.*

La meditación con atención vigilante le ayuda a ver las cosas en toda su belleza, desde la flor más pequeña a la persona que tenga más cerca.

Afirmaciones

Las afirmaciones son declaraciones que usted puede repetir en silencio o en voz alta, una y otra vez, hasta que la repetición constante haga que las palabras pierdan su sentido, centrando la atención de la mente tan sólo en el sonido de dicha afirmación. Aunque al principio le pueda parecer que repetir las afirmaciones carece de sentido, persevere, puesto que se trata de una herramienta poderosa que puede influir de forma muy positiva en su mente y bienestar general.

Las afirmaciones en la vida cotidiana

En el día a día, cualquiera puede utilizar las afirmaciones para reprogramar su mente hacia un tipo de pensamiento más positivo. Por ejemplo, a un hombre se le pide que hable en público en una boda. Enseguida, el "parloteo mental" se pone en marcha y comienza a torturarlo con el miedo a hacer el ridículo.

El pensamiento positivo puede tener efectos beneficiosos sobre el concepto que tiene cada persona de sí misma.

Al final, está tan tenso que no puede concentrarse en absoluto. Entonces, el hombre decide utilizar la afirmación "sé hablar bien en público", y la repite para sí mismo continuamente. Al principio, no se la cree, pero la repetición constante le quita importancia al asunto y a sus implicaciones. Por decirlo de

Usadas de forma correcta, las afirmaciones pueden ayudarle a despojarse de las dudas sobre su propia persona y ganar confianza en sí mismo.

alguna manera, el hombre comienza a sentirse casi normal y cómodo con su papel.

Con la repetición, la afirmación se hace totalmente familiar, lo que comporta que la parte izquierda del cerebro ya no necesita analizarla, pudiendo entonces ser percibida enteramente por la parte derecha del cerebro, la cual tiene que ver con la emoción y la sensación y no con el análisis. De este modo, la afirmación es aceptada sin ser cuestionada y así se transforma en un sentimiento positivo. Los miedos al fracaso desaparecen al tiempo que emerge una nueva confianza en uno mismo.

Usted puede hacer afirmaciones de lo que quiera, únicamente asegúrese de que le proporcionan una buena sensación, que el tono es de confianza y que se trata de una declaración fácil de pronunciar. Por ejemplo:

Estoy muy seguro de mí mismo

Me perdono

Mi cuerpo es bonito

Estoy en paz

Estoy completamente relajado

Las afirmaciones le pueden ayudar a verse bajo una luz más positiva.

Estoy completamente relajado.

Escriba la afirmación sobre un papel y colóquela luego en algún sitio donde pueda verla a menudo.

Afirmaciones en la meditación

En general, las afirmaciones que se utilizan en la meditación tienen un objetivo determinado: detener el incesante "parloteo mental". Si cuando medita le cuesta detener las distracciones de su mente, la repetición de una sencilla afirmación le puede ayudar, ocupando el canal de comunicación de forma que su mente ya no pueda alimentar otros pensamientos. Funciona igual que contar las respiraciones (véase pág. 15), es decir, el concentrarse en una cosa permite detener las distracciones. A muchas personas les resulta más fácil realizar afirmaciones que contar respiraciones.

En general, durante la meditación, solemos repetir afirmaciones mientras nos centramos en otra cosa, como por ejemplo las sensaciones. Y, dado que el propósito de la afirmación es bloquear la invasión de pensamientos, el significado de la afirmación carece de importancia. Con todo, tampoco está de más escoger una afirmación positiva, de manera que, con la repetición constante, la idea eche raíces en la mente subconsciente. No obstante, recuerde que el objetivo principal de la meditación es detener el "parloteo mental", no introducir ideas que le puedan distraer más adelante.

La práctica regular de las afirmaciones le ayudará a familiarizarse con ellas. En cuanto adquiera el hábito y le resulte fácil, pruebe a cambiar las afirmaciones por otras frases sencillas que tengan un sentido especial para usted.

Afirmaciones en acción

El mejor momento para repetir una afirmación es cuando se está relajado. De esta manera, es más fácil contrarrestar los efectos del "parloteo mental", y la sugerencia que contenga la afirmación podrá pasar más rápidamente del reino de los pensamientos al de los sentidos. Si a usted le cuesta relajarse, realice primero el ejercicio "Relajar el cuerpo" (véase pág. 17). Lo más importante que debe recordar con respecto a las afirmaciones es que debe repetirlas de forma regular. Repítalas durante tanto tiempo como crea conveniente, pero, como guía, empiece por repetirlas tres veces en cada sesión, unas tres veces al día.

Otras afirmaciones

Intente realizar el "Ejercicio de afirmación" que se indica en la página siguiente y luego trate de utilizar otra afirmación de su elección. Las afirmaciones más aconsejables son aquellas que le permiten contrarrestar el "parloteo mental" y deben ajustarse sin dificultad a su ritmo respiratorio. A continuación, le sugerimos algunas:

suéltalo

paz para siempre

bien despierto

alegre y libre

Sentirse relajado antes de comenzar con las afirmaciones, le ayudará a adoptarlas más fácil y eficazmente.

Ejercicio de afirmación

Este ejercicio es muy efectivo para controlar la mente y mejorar la concentración. También alivia mucho el estrés.

1 *Colóquese en la postura que quiera, tendido, arrodillado o sentado (véase págs. 14-15). Asegúrese de que está verdaderamente relajado antes de empezar. Si lo cree necesario, realice primero el ejercicio de "relajar el cuerpo" (véase pág. 17). Deje que cualquier tensión se afloje y se desprenda de su cuerpo.*

2 *Ponga su atención en la respiración. Inspire y espire naturalmente, observando el ritmo respiratorio pero sin intentar controlarlo.*

3 *Cuando se sienta dispuesto, repítase a sí mismo la palabra "RELAX", en voz alta o mentalmente. Diga la primera sílaba, "RE", al inspirar, y "LAX", al espirar. No fuerce la respiración a un ritmo determinado, simplemente respire con normalidad y ajuste la velocidad de la afirmación a su respiración.*

4 *Es posible que su mente le "maree" con otros pensamientos. En tal caso, recondúzcala, de forma delicada, y continúe repitiendo la palabra "RELAX" al ritmo de su respiración. Repítala tantas veces como lo crea conveniente y le resulte cómodo.*

5 *Cuando acabe el ejercicio, tome conciencia de cómo se siente. Es probable que se sienta más relajado, pero tome también conciencia de cualquier otro sentimiento o sensación.*

Para alcanzar un estado verdadero de relajación, concéntrese en aflojar todas las tensiones de su cuerpo.

Mantras

Los mantras se parecen a las afirmaciones en que también son frases que usted puede repetirse a sí mismo. Sin embargo, a diferencia de las afirmaciones, la calidad del sonido del mantra es importante y se dice que resuenan en el cuerpo y transforman la conciencia. Mucha gente cree que los mantras tienen poderes mágicos.

Los seguidores de Buda utilizan el mantra Om Mani Padme Hum *para evocar la compasión.*

Mantras para todos

No cabe duda de que algunos mantras tienen cualidades mágicos, y casi todas las tradiciones espirituales tienen los suyos propios. Los hindúes utilizan mantras desde hace miles de años, lo mismo que los budistas, los musulmanes o los cristianos.

Con todo, no es preciso que sea usted religioso para usar los mantras. Puede escoger mantras que no tengan carácter religioso. Los mantras se pueden utilizar para inducir estados de paz y tranquilidad o para aumentar la conciencia, la atención o la creatividad.

Mantras famosos

Posiblemente, el mantra más famoso de todos es:

OM

Procede de la India, donde creen que OM es la vibración subyacente a la creación del universo. Se le considera un mantra muy poderoso y muy recomendable, si lo que usted quiere es identificarse con la unidad del universo y de toda la creación.

OM MANI PADME HUM

es otro mantra muy conocido, utilizado con frecuencia por los budistas para invocar la compasión y para desterrar los sentimientos negativos hacia uno mismo o hacia los demás. Se dice, asimismo, que este mantra ayuda a mantener una actitud de alerta durante la relajación.

Si es usted cristiano, un mantra conocido que podría utilizar es:

ALELUYA

Este mantra procede del hebreo *hallelu* (alabanza) y *Jah* (Jehová), y quiere decir "alabado sea Dios".

Ejercicio de mantra

Para este ejercicio puede utilizar cualquier mantra, pero le ayudará escoger alguno que tenga una resonancia y una cualidad de sonido especiales. Al principio, sólo podrá realizar el ejercicio durante unos minutos, pero trate de ir aumentando el tiempo hasta 20 minutos.

1 *Colóquese en la postura sentada con las piernas cruzadas o en otra de las posturas sentadas (véase pág. 14). Cierre los ojos y respire de forma natural.*

2 *Comience por repetir el mantra de su elección. Puede hacerlo mentalmente o en voz alta, lo que prefiera. Si le sirve de ayuda, intente repetir el mantra siguiendo el ritmo de su respiración o el de los latidos de su corazón.*

3 *Deje que el ritmo y el sonido del mantra lo absorban y lo transporten. Si pierde la concentración, reconduzca su mente, delicada pero firmemente, e intente repetir el mantra con más intensidad.*

4 *Salga de la meditación despacio y abra los ojos.*

El poder de los mantras

La calidad del sonido de un mantra es tal que, incluso recitado sólo mentalmente, sigue resonando por todo el cuerpo. Usted puede repetir el mantra al ritmo de su respiración o de los latidos del corazón, o bien entonarlo como le apetezca.

Al principio, es mejor utilizar mantras cuyo efecto benéfico sea bien conocido. Más tarde, si lo desea, puede crear sus mantras propios. Únicamente, asegúrese de que el sonido resuena por todo el cuerpo. A continuación, unas sugerencias:

amor

paz   silencio

unoooooo

ooooo   mmmmm

Meditando de pie y andando

Se puede meditar en cualquier sitio y a cualquier hora. No necesita estar sentado o tendido en el suelo. Usted pude meditar mientras está de pie, andando o incluso bailando.

Postura de pie

Manténgase erguido, con los pies separados unos 45 cm. Los pies han de estar paralelos entre sí y su cabeza y columna vertebral alineadas. Mantenga la pelvis recta para que la parte inferior de la espalda no se curve hacia adentro. Sobre todo, no fuerce. La posición erguida ha de ser cómoda para que pueda mantenerla durante un rato sin cansarse.

Cuando usted está de pie y recto, pero relajado, la energía fluye libremente a través de su cuerpo.

Meditación de la flor dorada

Este tipo de meditación es excelente para desarrollar el poder de concentración. También es revitalizador y atrae la energía de la tierra en lugar de agotar la suya.

1 　*Colóquese en posición erguida, como muestra la figura de la izquierda, y deje que todas las tensiones se desprendan de su cuerpo. Respire de forma natural y suave.*

2 　*Imagine que su columna vertebral es un tallo bien erguido. Siéntala crecer hacia arriba, desde la parte inferior de la espalda hasta el cuello, pasando por entre los hombros, y después seguir por encima de la cabeza, hasta florecer como una gran flor dorada. La flor sigue un camino ascendente y tira de su columna, enderezándola.*

3 　*Imagine que sus pies son las raíces de esta flor. Sienta cómo los pies se enraízan cada vez más profundamente en la tierra. Entre la flor, por encima de la cabeza, y las raíces, que son sus pies, sienta cómo la columna se estira aún un poco más. Los brazos y las manos son ahora las ramas, y las hojas, tan ligeras como el aire.*

4 　*Ahora imagine energía, en forma de luz blanca con destellos dorados, viajando desde las raíces, que son sus pies, hacia arriba, por su columna, hasta la parte superior de su cabeza, donde florece la flor dorada. La luz llena su cuerpo con energía renovada y lo revitaliza. Mantenga esta imagen durantes unos segundos.*

5 　*Deje que la luz descienda por su cuerpo, al interior de la tierra. Observe cómo la flor se cierra y su tallo se relaja y se convierte otra vez en su columna vertebral. Relájese.*

Practicar con plena conciencia y atención mientras camina le hace ser más consciente de la belleza del mundo que le rodea.

Caminar con plena conciencia y atención

Este tipo de meditación le ayuda a desarrollar la concentración y aumentar la atención.
Se trata también de un ejercicio relajante y placentero.

1   *Mientras camina, quizás de vuelta al trabajo o simplemente dando un paseo, libere su mente de pensamientos del pasado o del futuro. Concéntrese en su respiración y camine erguido, con la cabeza y la columna alineadas.*

2   *Desplace la atención hacia su caminar. Camine con toda la conciencia puesta en ello, concentrándose en cada paso que da. Sienta cómo el peso de su cuerpo se desplaza de un pie a otro, cómo se mueven los brazos y las piernas, y cómo el aire roza su cara.*

3   *Ahora, expanda su conciencia e incluya todo lo que le rodea. ¿Dónde se encuentra? ¿Quién o qué está a su lado? Escuche los sonidos y sienta los olores, colores y movimientos. ¿Qué siente con esta experiencia? Intente incluir cuantas más sensaciones mejor.*

Los chakras

En el yoga hindú, los chakras son los grandes centros de energía del cuerpo. A pesar de ser invisibles al ojo humano, estas ruedas giratorias de energía espiritual mantienen nuestro cuerpo y espíritu equilibrados. Los chakras almacenan fuerza vital muy poderosa, que los yoguis denominan *prana*, los chinos *chi*, y los japoneses *qi*. Esta energía dinámica es la preciosa fuerza vital del universo, que lo penetra y envuelve todo y que está en todas las cosas.

Explorando los chakras

Los siete chakras principales del cuerpo están situados entre la base de la columna y la coronilla. Hay más chakras, pero aquí nos vamos a centrar en los que se mencionan a continuación.

● El primer chakra, o chakra basal, está situado en la base de la columna. Se le asocia a todo aquello que tenga una naturaleza material, incluidas la fuerza y la constitución físicas, las pertenencias, el estatus social y la supervivencia. En este chakra, también está almacenada la energía durmiente, llamada kundalini. Los yoguis pretenden reactivar esta energía para que fluya a través de los demás chakras. Cuando la energía llega hasta el último chakra, y todos los demás ya están abiertos y equilibrados entre sí, se alcanza la iluminación.

● El segundo chakra, o chakra del sacro, está situado a la altura de la parte inferior del abdomen, por encima de los genitales. Está asociado a la sexualidad, sensualidad y reproducción.

● El tercer chakra, o chakra del plexo solar, se encuentra en la zona del plexo solar (situado en la parte superior y posterior del abdomen, entre las costillas y el ombligo). Esta rueda de energía gobierna el poder interior, la voluntad y la confianza en uno mismo.

● El cuarto chakra, o chakra del corazón, está situado a la altura de este órgano. Está relacionado con las relaciones humanas, así como con el amor, la compasión y las emociones en general.

● El quinto chakra, o chakra de la garganta, está situado en la base del cráneo y se asocia a la expresión, a la comunicación, así como a otros impulsos creativos.

● El sexto chakra, o chakra del entrecejo, está situado a la altura de la frente, entre las cejas. Está relacionado con la imaginación, la lucidez de pensamiento, la intuición y los sueños, así como con la capacidad psíquica.

● El séptimo chakra, o chakra de la coronilla, está situado en la parte alta de la cabeza. Gobierna la comprensión, la conciencia elevada y nuestra unión con el espíritu universal y con lo divino.

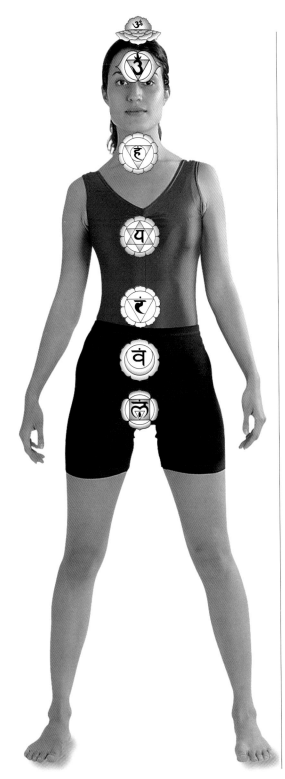

Conseguir el equilibrio

Dos aspectos esenciales sobre los chakras que no debemos olvidar son: que la energía debe fluir naturalmente entre todos ellos, y que han de estar equilibrados los unos respecto a los otros. La meditación puede ayudar a equilibrar los chakras, mediante el aumento del flujo de energía pura, de la conciencia espiritual y del bienestar general.

Si un chakra en particular se "bloquea", puede crear problemas en la zona asociada al mismo. Por ejemplo, si el segundo chakra se bloquea, pueden verse afectadas la expresión sexual o el correcto funcionamiento del sistema reproductor. Del mismo modo, un bloqueo en el quinto chakra puede inhibir la expresión de la persona y el flujo de su creatividad. Son muy pocas las personas que tienen todos sus chakras abiertos y equilibrados, y el proceso para alcanzar tal estado es largo.

Para poder abrir los chakras se requiere un entrenamiento avanzado y autodisciplina, y debe hacerse bajo la estricta dirección de un profesor cualificado y experimentado. No obstante, si usted quiere aprender un poco más sobre los chakras, sentir dónde se encuentran o experimentar un poco de su energía, puede hacerlo sin ningún problema.

Los primeros seis chakras ascienden por el cuerpo y están situados a la altura de la columna vertebral. El chakra más elevado está situado en la coronilla.

Pétalos de la flor de loto

En las meditaciones sobre los chakras, éstos suelen imaginarse como una flor de loto con un número de pétalos determinado. La flor de loto tiene un significado especial, porque es la parte de la planta que emerge y abre sus pétalos al cielo inconmensurable, mientras que sus raíces se hallan enterradas en el lodo. Si le resulta difícil imaginarse una flor de loto, simplemente imagine que cada chakra de su cuerpo es un almacén de energía. La tabla siguiente le proporciona los nombres y situación de los siete chakras principales, además del color y del número de pétalos que se les asocian.

Si trabaja sobre sus chakras, puede visualizar una flor de loto con los pétalos abiertos.

Características de los siete chakras principales

Chakra	Nombre hindú	Posición	Atributos	Color	Glándula y sistema corporal	Número de pétalos
Base	Mûlâdhâra	Base de la columna	Plano material, estatus social, supervivencia	Rojo	Glándulas suprarrenales, y sistemas linfático, esquelético y excretor	4
Sacro	Svâdhistâna	Zona abdominal inferior, justo encima de los genitales	Sexualidad y sensualidad	Naranja	Gónadas y sistema reproductor	6
Plexo solar	Manipûra	Plexo solar o zona del ombligo	Poder interior, confianza y seguridad en uno mismo	Amarillo	Páncreas, y sistema muscular y digestivo	10
Corazón	Anâhata	Centro del pecho	Relaciones, amor, compasión y emociones en general	Verde	Timo y sistemas respiratorio, circulatorio e inmunológico	12
Garganta	Vishuddhi	Garganta	Expresión, creatividad y comunicación	Azul turquesa	Glándula tiroides y metabolismo	16
Entrecejo	Ajnâ	Entrecejo	Imaginación, lucidez mental, intuición y sueños	Lila	Pituitaria y sistema endocrino	2
Coronilla	Sahasrâra	Coronilla	Comprensión, conciencia y unión con lo divino	Violeta	Glándula pineal y sistema nervioso	1.000

borde del mismo. Ésta es la posición de los chakras en el cuerpo. Si quisiera ver los chakras como círculos giratorios, tendría que situarse encima de la cabeza de la persona y mirar desde esta posición a su interior. Sólo de esta manera podría ver que los chakras son redondos.

Puede ser difícil imaginarse un chakra; con la ayuda de un CD le será más fácil hacerse una idea.

El canal *sushumna*

Si quiere visualizar este canal, lo más fácil es que se imagine a los chakras corriendo a lo largo de su columna vertebral, en la parte trasera o delantera de su cuerpo. También puede visualizar el canal *sushumna* en el interior del cuerpo, entre la parte trasera y delantera de éste.

De hecho, es en la parte central donde se sitúa el sushumna, que está relacionado con los centros nerviosos a lo largo de la columna vertebral. Si quiere localizar los distintos "eslabones" de este canal, consulte el recuadro de la página 158.

Situación de los chakras

A diferencia de lo que todos creen, los chakras están dispuestos horizontalmente. En otras palabras, si usted mira de frente a una persona que está de pie, sus chakras no están dispuestos a modo de botones planos sobre el cuerpo. Los chakras están colocados en un plano horizontal respecto del suelo y, por este motivo, si la persona está de pie, sólo veremos el perfil de los chakras.

Si desea visualizarlos, puede realizar el siguiente experimento. Mantenga su dedo índice estirado hacia arriba delante de los ojos. Colóquese un CD en el dedo y hágalo girar, así verá que sólo es visible el

Intente mantenerse erguido y visualizar sus chakras por dentro.

Meditar sobre los chakras

Cuando medite sobre los chakras, posiblemente sentirá unos con mayor facilidad que otros. No obstante, con la práctica, podrá sentirlos todos.

Si tras varios intentos de meditar sobre los chakras (véase recuadro pág. siguiente) persiste la dificultad para sentir el flujo de energía a través de ciertos chakras, la razón puede estar en un "bloqueo" del flujo energético en los mismos. Casi todos nosotros tenemos uno o más chakras bloqueados. Si es éste su caso, debería poner remedio a los chakras bloqueados, ya que pueden causarle problemas más adelante (véase recuadro pág. 30, donde se indican las funciones de cada chakra).

Desbloquear los chakras

Si sospecha que uno o más chakras de su cuerpo están bloqueados, no intente desbloquearlos por su cuenta. Consulte a un terapeuta cualificado lo antes posible, como por ejemplo, un profesional del ayurveda. El ayurveda es un sistema de curación muy antiguo que procede de la India. El objetivo de este sistema es restablecer la salud y el equilibrio mental o físico mediante remedios de hierbas, dietas, ejercicios respiratorios, purificación, meditación, posturas de yoga, masaje y otros tratamientos.

Un médico ayurveda puede determinar los chakras que están bloqueados y ayudarle a restablecer el flujo natural de energía.

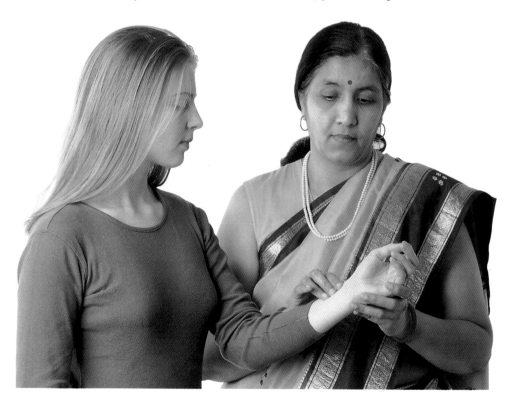

Meditación sobre los chakras

Para esta meditación, escoja un lugar tranquilo donde no vaya a ser interrumpido. Su ropa debe ser cómoda y holgada. Cerrar los ojos, puede servirle de ayuda.

1 Colóquese sentado con las piernas cruzadas (véase págs. 14-15). Asegúrese de que la columna está recta y alineada con la cabeza, pero no fuerce. Su postura ha de ser cómoda y se debe sentir relajado. Realice tres respiraciones profundas y luego respire de forma natural.

2 Utilizando su mente, intente sentir el chakra de la base de la columna. Debe imaginárselo como una flor de loto con los pétalos correspondientes (véase recuadro pág. 30), o como una rueda girando o un almacén de energía. Seleccione la imagen que usted prefiera para visualizar los chakras y sienta la energía que contiene el chakra sobre el que está concentrado. ¿Qué siente?

3 Desplace su atención hacia arriba, al siguiente chakra, situado en el bajo abdomen, justo por encima de la zona genital. Sienta de nuevo la energía asociada a este chakra en particular. ¿Es distinta la energía de este chakra en comparación con la del chakra basal?

4 Si le cuesta sentir el flujo de energía en uno o más de sus chakras, intente "respirar" energía hacia el área afectada. En otras palabras, mientras inspira y espira, imagine que está respirando y revitalizando el chakra en particular y que lo está rellenando con energía vital.

5 Desplace su atención hacia arriba, a través de los demás chakras: el del plexo solar, el del corazón, el de la garganta, hasta llegar al de la frente, situado entre ambos ojos. Sienta las diferencias sutiles entre los distintos chakras a medida que pasa de uno a otro. Finalmente, dirija su atención hacia el chakra de la coronilla y siéntalo. ¿Cómo siente la energía?

6 Poco a poco, de forma gradual, vaya finalizando la meditación, deje que su cuerpo se relaje un poco más, y luego realice una par de respiraciones profundas antes de dar por acabado el ejercicio.

El trabajo sobre los chakras puede ayudarle a estar más equilibrado y en sintonía con su energía.

Visualización

La visualización es una técnica con un poder enorme que utiliza la imaginación para crear un determinado estado de la mente y del ser. Hoy en día, es cada vez más popular y suele utilizarse para una gran variedad de propósitos, como por ejemplo, aumentar la concentración, entrenar la mente, mejorar la confianza en uno mismo y solucionar problemas. Incluso puede servir para curar o ayudar a alcanzar la iluminación espiritual.

Cómo opera la visualización

La visualización va mucho más allá de la mera imaginación. A pesar de utilizar la imaginación para crear imágenes mentales de las cosas, trasciende este aspecto, porque no sólo implica a todos los sentidos –vista, olfato, tacto, oído y gusto– sino también a las emociones. Y lo que aún es más sorprendente, algunas visualizaciones pueden manifestarse a nivel físico.

Le proponemos un pequeño ejercicio para ayudarle a comprender mejor cómo funciona la visualización. Trate de recordar alguna situación que le haya resultado particularmente espantosa, como, por ejemplo, una escalofriante carrera de coches o un paseo en solitario de noche por una calle apartada y oscura. Si no recuerda ninguna situación de este estilo, ¿por qué no prueba con alguna de las fobias que padece? Si le dan miedo las arañas, imagínese a una de ellas saltando sobre su mano o enredada en su pelo. Si, en cambio, lo que le da miedo es la altura, imagínese saltando desde un avión.

Si usted visualiza estas situaciones lo bastante nítidamente, de forma que recuerde

En algunas personas, el mero hecho de pensar en arañas puede desencadenar los mismos sentimientos y sensaciones corporales que experimentarían si las vieran en realidad.

la experiencia con todo detalle, llegará a "sentirla" en profundidad. Así, por ejemplo, notará perfectamente cómo la araña se mueve entre su pelo, lo que comportará que su cuerpo responda en consecuencia y muestre ciertas reacciones físicas. Es muy posible que se ponga tenso y que su pulso se acelere o que respire más deprisa. Si el estrés es lo bastante fuerte, puede que incluso empiece a sudar o a temblar.

La razón por la cual su cuerpo responde de esta manera es que no distingue entre lo que

visualiza y lo que realmente le acontece.
Por este motivo, si la situación que está usted
visualizando es lo bastante estresante, hará de
detonante del mecanismo de respuesta "luchar
o huir" (véase pág. 16).

Tal y como hemos visto, cuando el
mecanismo de "luchar o huir" se dispara, el
organismo detiene los sistemas que no son
esenciales para la supervivencia inmediata, y la
adrenalina y las sustancias antiinflamatorias son
bombeadas al organismo, preparándolo para
una huida o lucha inmediata.

Beneficios de la visualización

Lo positivo de la visualización es que usted
puede utilizarla en beneficio propio. Por
ejemplo, si "soñamos despiertos" sobre algo
que nos hace felices, el cerebro produce
endorfinas y otras sustancias químicas que nos
proporcionan placer, lo que comporta que
nuestro cuerpo experimente la sensación física
de alegría. Así pues, podemos utilizar la

A muchas personas que les resulta difícil hablar en público les puede ser muy útil visualizar una audiencia atenta.

visualización para alcanzar estos mismos
efectos.

Si ahora volvemos a tomar el ejemplo de
aquel hombre que tenía miedo de hablar en
público (véase pág. 20), podemos deducir que
la visualización puede ayudarle a vencer este
problema. Ese hombre sólo tiene que
visualizarse a sí mismo frente a la audiencia,
hablando con seguridad y claridad. La audiencia
le sonríe y asiente a cada una de sus palabras.
El hombre disfruta del evento y se siente muy
cómodo y tranquilo. Al final del discurso, la
audiencia aplaude con entusiasmo. Si sigue
manteniendo la visualización en este punto,
al final, la parte derecha del cerebro (véase
pág. 7) asociará el pensamiento del discurso
público con el placer y se dará cuenta que sus
miedos desaparecen.

En efecto, la visualización no sólo opera en
la mente. A pesar de que comienza allí, puede
tener efectos físicos muy profundos.

Sacar provecho de la visualización

Tal y como hemos mencionado anteriormente, la visualización puede ser enormemente beneficiosa y le puede ayudar a conseguir muchas cosas. Si desea vencer un miedo, puede utilizar la visualización para que le ayude de la misma forma que lo hizo el hombre que tenía miedo a hablar en público (véase pág. 20). Si quiere curar una adicción, como el tabaco, el alcohol o el café, o si quiere aumentar la seguridad y confianza en sí mismo, la visualización le puede servir de ayuda.

La cosa más importante que hay que tener presente es que debe esforzarse en que la visualización sea lo más clara y lo más detallada posible. Asimismo, es necesario que repita la visualización con el objetivo de reforzar el mensaje que le da a la parte derecha del cerebro. Como recordará, en esta parte del cerebro residen preferentemente los

sentimientos y la intuición, y no las funciones pensante y parlante. Así pues, en cuanto la visualización pase de la parte izquierda del cerebro a la parte derecha, ésta recibirá sus visualizaciones sin cuestionarlas y las transformará en sentimientos (véase pág. 7). La práctica y la repetición le ayudarán a conseguirlo.

Utilizar el poder de la visualización

La visualización implica utilizar dos tipos distintos de imaginería: la activa y la receptiva. La imaginería activa puede incluir cualquier imagen escogida y concentrada para un propósito determinado, mientras que la imaginería receptiva implica dejar que las imágenes surjan en la mente subconsciente y seguirlas hacia donde le lleven. Muchos prefieren la disciplina de la imaginería activa, otros se sienten más cómodos dejando que las imágenes afloren a su aire, y también los hay que se sienten bien con ambos tipos de imaginería.

Puede entrenar su mente con la imaginería que prefiera, activa o receptiva. Si quiere saber lo fácil o difícil que es para usted visualizar algo, o qué tipo de imaginería prefiere, intente llevar a cabo el ejercicio "Capacidad de visualización" (recuadro de la página siguiente).

Usted puede utilizar las distintas herramientas de visualización para agudizar o concentrar su mente o bien para obtener un resultado específico, como el de desvelar su propio potencial creativo.

Capacidad de visualización

Este ejercicio es excelente para que usted evalúe y agudice su potencial para la visualización. Practíquelo en un lugar tranquilo donde sepa que no va a ser interrumpido.

Colóquese en cualquier postura en la que se sienta cómodo (véase págs. 14-15). Las posturas sentadas o de piernas cruzadas son las mejores, pero también puede tenderse en el suelo, si no está muy cansado. Respire de forma natural y cierre los ojos.

Trate de visualizar una hoja de roble. ¿Cómo es? Intente sentirla con los ojos de su mente como si fuera real. Véala con el mayor detalle posible. Advierta todas sus características: color, forma y textura. Advierta cada una de sus finas nervaduras. Dele la vuelta a la hoja y estudie su envés. Si puede llevar los demás sentidos hacia esta observación, tanto mejor. Frote la hoja de roble con los dedos. ¿Qué siente? ¿Puede oír el ruido de sus dedos al frotar la hoja? Colóquese la hoja delante de la nariz: ¿Puede olerla?

Abra los ojos. Escriba todas las sensaciones y detalles. Repita este ejercicio con los siguientes objetos: una moneda, una rosa y un helado.

¿Activa o receptiva?

¿Cómo ha sentido cada uno de los objetos que ha visualizado? ¿Estaba la hoja turgente o marchita? ¿Era suave o rugosa? ¿Qué hizo con la moneda? ¿Le costó visualizar la rosa? ¿Pudo probar el helado? Si sólo pudo mantener los objetos a la vista por un breve espacio de tiempo, necesita practicar para aumentar la duración de la visualización.

Si no fue capaz de visualizar los objetos en ningún caso, no se preocupe: mucha gente tiene dificultad para visualizar, pero al final, con la práctica, se consigue. Si, en cambio, ha notado que su cerebro tiende a sustituir unas imágenes por otras, como por ejemplo imaginar una dalia en lugar de una rosa, entonces quizás se sienta más cómodo con la flexibilidad de la imaginería receptiva. Las imágenes receptivas pueden ser tan reveladoras como las activas, y ambas le pueden ayudar a entrenar su mente. Al final, se sentirá cómodo con ambos tipos de imaginerías.

Escribir su experiencia puede ayudarle a utilizar la visualización de la mejor manera.

Aumentar la comprensión

Las imágenes son el lenguaje del subconsciente. Si usted consigue comunicarse con su subconsciente usando e interpretando estas imágenes, habrá encontrado el camino para conectarse con él y utilizar la comprensión que éste le brinda. Por ejemplo, si quiere comprender a la gente o aclarar una situación que le resulte confusa, puede pedirle a su subconsciente que le ayude. En este caso, necesitará de la imaginería receptiva, es decir, dejar que las imágenes se produzcan libremente en su mente.

Así pues, la próxima vez que esté en una situación que le resulte difícil de entender, intente el ejercicio "Comprender mejor" (recuadro inferior).

Comprender mejor

Intente esta técnica para comprender mejor una situación o unos sentimientos determinados.

1 *Colóquese en la postura sentada con las piernas cruzadas (véase págs. 14-15). Otra posibilidad es realizar esta meditación de pie (véase pág. 26). Relájese en la postura que haya escogido y respire de forma natural durante unos minutos.*

2 *Cierre los ojos y concéntrese en el sentimiento o situación que quiere analizar durante unos segundos. Cuando esté listo, pida a su subconsciente que reproduzca una imagen que describa la situación o el sentimiento que está tratando de comprender.*

No se preocupe si al principio las imágenes que afloran tienen poco sentido para usted. Comprender el significado del animal, flor u otro símbolo que su mente haya escogido puede llevarle cierto tiempo.

3 *Deje que la imagen aflore. Aunque le parezca que no tiene nada que ver con lo que usted está preguntando, persevere, entender los símbolos de su subconsciente requiere práctica. Quizás la imagen sea la de un perro ladrando, entonces es posible que comprenda que la persona que está intentando desentrañar "ladra pero no muerde".*

4 *Una vez obtenida y analizada la imagen, finalice la meditación y abra los ojos. Piense en lo que ha comprendido. Puede seguir pensando en las imágenes aunque no esté meditando.*

Espacio sagrado

La visualización puede ayudarle a encontrar un lugar sagrado, un santuario al que acudir si lo necesita para descansar y reconfortarse. Si usted también desea que le aconsejen, la meditación le ayudará a encontrar un consejero.

Existen muchas meditaciones guiadas para ayudarle en la visualización, algunas de las cuales, incluso, se pueden encontrar en grabaciones:

usted se concentra en las imágenes que le propone una voz que le guía en la visualización. En la "Meditación del santuario" (recuadro inferior), necesitará utilizar imaginería tanto activa como receptiva. Cuando haya acabado, piense acerca de lo que ha visto u oído; es posible que necesite tiempo para comprender el sentido completo de todo ello, pero también puede ser cuestión de segundos.

Meditación del santuario

Puede realizar esta meditación siempre que lo desee.
Escoja un lugar tranquilo donde no le molesten.

1 *Colóquese en la postura sentada o en la de piernas cruzadas (véase pág. 14-15), la que le resulte más cómoda. Cuando ya esté en esta postura, tómese unos segundos para relajarse; respire de forma natural.*

2 *Cierre los ojos y véase paseando por un bosque. Sus pasos se dirigen hacia un pequeño riachuelo. Puede oír el murmullo del agua que corre por entre las piedras, mientras observa trozos de cielo azul intenso entre las hojas de los árboles. Delante de usted unas ardillas corretean sobre los troncos de los árboles ¿De qué color son las ardillas? Mientras pasea, oye a los pájaros cantar en lo alto de las ramas y la hojarasca crujir bajo sus pies. Usted se siente muy cómodo y relajado.*

3 *Más adelante, entra en un gran claro del bosque y los árboles quedan atrás. A medida que se adentra en el claro, descubre el riachuelo y una fragancia de flores del bosque inunda el ambiente. Se trata de un lugar muy apacible y silencioso, sólo se oye el ruido del agua o el canto de algún pájaro.*

4 *Tiéndase allí en el suelo y relájese por completo. Déjese acariciar por la calidez del sol. En este lugar usted está totalmente seguro y libre para hacer lo que quiera. Permanezca aquí tanto tiempo como desee, hasta sentirse descansado y fresco.*

Si su guía o consejero no aparece esta vez, no se preocupe. Tenga la certeza de que aparecerá en el momento preciso.

5 *Ahora, si lo desea, ha llegado el momento de encontrar a su guía o consejero. Relájese y espere a que aparezca en el claro del bosque, procedente de la arboleda situada detrás. El guía o consejero puede ser un hombre, una mujer o un animal. Cuando se hayan saludado, ponga atención en todo lo que su guía le diga. Puede aprovechar esta ocasión para preguntarle sobre cuestiones de su vida cotidiana o sobre aspectos más espirituales.*

6 *Cuando haya acabado, dé las gracias a su guía y adéntrese de nuevo en el bosque. Vaya terminando poco a poco su meditación y retorne a su conciencia habitual. Abra los ojos.*

Meditar para sanar

Actualmente, cada vez son más los médicos que creen que la práctica de la meditación, junto con una dieta equilibrada y ejercicio físico, puede mejorar la salud, el estilo de vida y el bienestar general de las personas.

Cómo ayuda la meditación

La meditación tiene un amplio repertorio de beneficios: nos puede ayudar a pensar con mayor claridad, así como mejorar nuestros niveles de energía para que trabajemos con mayor eficiencia y nos cansemos menos. También puede ayudar a que nos relajemos y distanciemos de las situaciones estresantes, adquiramos un mayor control sobre nuestra mente y no nos dejemos vencer por las

La mente tiene el poder de actuar sobre el cuerpo. Simplemente pensar en una situación estresante provoca reacciones adversas en nuestro organismo.

emociones negativas. Asimismo, la meditación contribuye a que nos conozcamos mejor a nosotros mismos y sepamos aceptar las situaciones que se nos presenten.

Además de mejorar nuestra calidad de vida y de hacernos más felices, la relajación que nos proporciona la meditación puede ayudarnos a mejorar nuestra salud física. Por su lado, el pensamiento positivo fomenta la producción de endorfinas ("hormonas de la felicidad"). No debemos subestimar jamás el poder de la mente para producir cambios en nuestro cuerpo: intente pensar de forma positiva siempre que pueda.

Visualizar para curar

La visualización desempeña un papel muy importante en este aspecto. Tal y como ya hemos visto, nuestro cuerpo no distingue entre las cosas que visualiza y las reales (véase pág. 34). Así pues, si utilizamos la visualización de forma correcta, podemos provocar cambios en nuestro cuerpo que curen pequeñas dolencias y nos devuelvan al camino de la buena salud.

Muchas personas creen que la visualización también puede resultar beneficiosa en el tratamiento de enfermedades más graves, pero insistimos: la visualización no es un sustituto del tratamiento médico. Así pues, si usted tiene una enfermedad grave o una dolencia persistente, consulte siempre a un médico cualificado.

Sin embargo, tampoco hay razón alguna para no practicar las técnicas de visualización de forma simultánea a cualquier tratamiento médico al que se someta. Así, por ejemplo, puede visualizar cómo un medicamento determinado trabaja de forma más eficaz, o visualizarse a sí mismo sintiéndose radiante y en forma. Converse con su médico sobre sus planes antes de ponerlos en práctica y así podrá asegurarse de que ambos trabajan juntos por una misma causa.

Estudios recientes

Las investigaciones sobre los posibles efectos de la meditación en nuestra salud todavía no han concluido, pero, tal y como hemos mencionado anteriormente, un número cada vez mayor de médicos recomienda la relajación y los ejercicios de meditación para combatir el estrés y las enfermedades asociadas a él (véase pág. 5). Los estudios

Hoy en día, muchos médicos recomiendan la meditación y la relajación como antídotos efectivos contra el estrés.

clínicos continúan, pero mientras tanto crece el convencimiento de que la práctica de la meditación, junto con cambios en la dieta y el estilo de vida, tiene los siguientes efectos positivos:

- Reducir las migrañas.
- Combatir el insomnio.
- Aliviar el síndrome del intestino irritable.
- Aliviar el síndrome premenstrual.
- Calmar la ansiedad y reducir los ataques de pánico.
- Reducir los niveles de hormonas del estrés.
- Mejorar la circulación sanguínea.
- Regular el pulso.
- Reducir la presión arterial.
- Controlar la respiración.
- Aliviar los calambres estomacales.
- Aliviar la depresión.
- Mejorar la memoria.

Muchas divinidades de distintas religiones han sido representadas en meditando, lo que indica la importancia de la meditación en la práctica espiritual. Asimismo, la meditación contribuye a mejorar el bienestar mental, emocional y físico.

Desarrollo personal

Aparte de los muchos beneficios que tiene la meditación sobre la salud física, su práctica también es de gran utilidad en la psicoterapia, especialmente en aquellas áreas centradas en el desarrollo personal y el autoconocimiento. A través de la meditación, muchos hemos llegado a comprendernos mejor y a entender la manera como nos relacionamos con los demás. Con la práctica regular de la meditación, podemos aumentar la confianza en nosotros mismos y la autoestima, olvidar las heridas del pasado y disfrutar más de la vida, tanto en nuestro trabajo como en la vida social. Con la meditación aprendemos a vencer los miedos y a disipar las dudas, y podemos transformar la voz interior crítica en una valiosa amiga que nos apoya.

Utilizar la visualización curativa

No espere a sentirse enfermo para poner en práctica las visualizaciones curativas. De hecho, es casi mejor que lo haga cuando se encuentre bien. La buena salud necesita ser protegida. En efecto, unida a una dieta equilibrada y saludable, mucho ejercicio físico y horas de descanso suficientes, la visualización le puede ayudar a mantener una buena salud y defenderse de enfermedades y dolencias. Asimismo, la visualización le puede ayudar a que se sienta más en contacto con sus cambios físicos y corporales. El ejercicio "Curar el cuerpo" del recuadro inferior se puede utilizar tanto como ejercicio curativo como preventivo.

Curar el cuerpo

Este ejercicio es excelente para purificar, curar y revitalizar todo el organismo.
Antes de comenzar, asegúrese de que su ropa sea holgada y cómoda.

1   Colóquese en la postura sentada o tendida en el suelo (véase págs. 14-15), la que le resulte más cómoda. También puede realizar esta visualización mientras está de pie o caminando (véase pág. 26).

2   Permita que su cuerpo se relaje y respire de forma natural. Si no está paseando, cerrar los ojos puede ayudarle a concentrarse.

3   Inspeccione su cuerpo y afloje cualquier tensión que encuentre. Empiece por la parte superior de la cabeza, la coronilla, luego desplace su atención hacia abajo, por su frente. Relaje el entrecejo y los párpados, orejas, ventanas de la nariz, boca, mandíbulas, después el cuello, hombros, brazos y manos. Siga hacia su pecho y corazón, luego hacia su estómago, abdomen, nalgas y genitales, y finalmente hacia piernas y pies.

4   Cuando esté relajado, comience la curación. Imagínese que está de pie bajo una ducha de luz blanca con destellos azules. La luz entra por su coronilla y limpia todo su cuerpo, eliminando todas las impurezas. Sienta cómo la luz atraviesa y limpia su cabeza, cuello, hombros, brazos y manos. Deje que la luz prosiga hacia abajo y recorra su tórax (por delante y por detrás), abdomen, piernas y pies. Sienta cómo la luz elimina todas las impurezas y toxinas de su cuerpo. Si encuentra alguna parte de su cuerpo que necesite atención especial, concéntrese en ella y deje que la luz la purifique. Mantenga la luz en la zona afectada y en el resto de su cuerpo hasta que se sienta completamente purificado. Repita este ejercicio tantas veces como sea necesario.

5   Cuando la luz haya limpiado y purificado todo su cuerpo, deje que las impurezas se desprendan por la planta de sus pies y penetren en la tierra, donde serán purificadas hasta desaparecer.

6   Ahora que las impurezas han desaparecido, deje que la luz fluya por su cuerpo a la inversa, comenzando por los pies. Sienta cómo su cuerpo se va recargando de vibrante energía curativa. Sienta cómo la luz sube por las piernas y el tronco, dejando en la columna una sensación de hormigueo. Luego, sienta fluir la luz hacia el interior del corazón, pecho, brazos y manos, y deje que suba por hombros y cuello. Finalmente, haga que la luz inunde su cara y cabeza, hasta la coronilla. Si alguna parte de su cuerpo necesita un cuidado especial, deje que el flujo vibrante de energía inunde esa zona y la cure. Mantenga la imagen de todo su cuerpo inundado de luz curativa, luego deje que la luz salga de su cuerpo por la coronilla en dirección al universo.

7   Relájese durante unos segundos y realice unas cuantas respiraciones profundas y suaves. Cuando esté listo, finalice la meditación y abra los ojos.

Nota

Si le cuesta visualizar la luz blanca con destellos azules, imagine en su lugar una corriente de agua pura, como por ejemplo el agua de un manantial con propiedades curativas, o bien cualquier cosa que signifique fuerza purificadora para usted. Si es usted una persona religiosa, puede visualizar el agua bendita o el aliento curativo de Dios.

Color y luz

El color y la luz pueden influir en gran manera en nuestro organismo y en muchos aspectos de nuestra vida cotidiana. Los colores pueden afectar nuestro estado de ánimo y cada uno se halla asociado a determinadas emociones. El color rojo, por ejemplo, está relacionado con la ira, el azul con la paz y la relajación, el amarillo con la lucidez mental. También atribuimos a los colores unas propiedades específicas; se suele asociar la riqueza y la abundancia al color dorado. La luz, también es muy poderosa, pudiendo afectar a nuestro humor, a cómo percibimos las cosas y a cómo éstas se organizan a nuestro alrededor.

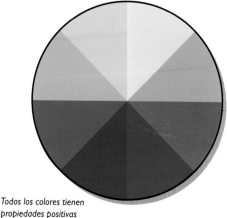

Todos los colores tienen propiedades positivas y negativas.

El poder del color

Es importante que en su vida exista un equilibrio saludable de todos los colores. Si le falta algún color, puede tratarse de algún aspecto de su vida que a usted le cuesta aceptar. Por ejemplo, si le falta el color azul en su ropero o en su casa, es posible que tenga problemas de comunicación y de creatividad. Del mismo modo, un exceso de determinado color implica que la energía asociada al mismo puede dominar su vida en detrimento de otras energías. Usted puede

utilizar los colores para dar energía a su cuerpo y espíritu y para crear equilibrio en su entorno. También puede utilizar el color para curar, utilizando las propiedades curativas de cada uno. Las interpretaciones de los colores varían entre pueblos, culturas, terapias y religiones, pero el recuadro de la página siguiente incluye algunas de las interpretaciones más conocidas en todo el mundo.

Tanto el color del oro como el metal mismo suelen asociarse a la riqueza.

Los colores y sus atributos

Color	Equilibrado	Desequilibrado
Rojo	El mundo material, estatus social, supervivencia, coraje, fuerza física y vitalidad	Codicia, ira, crueldad, vulgaridad y violencia
Rosa	Empatía, calidez, estimulación y lealtad	Egoísmo, volubilidad y egotismo
Naranja	Energía sexual, sensualidad, felicidad, optimismo y amistad	Pérdida de la energía sexual u obsesión por el sexo, fatiga y pesimismo
Amarillo	Autoestima, voluntad, determinación, seguridad, poder interior, energía mental, inteligencia y lucidez mental	Ausencia de claridad y concentración mental, obstinación, inflexibilidad y retorcimiento
Verde	Emociones, incluidos el amor y la simpatía, las relaciones, armonía, libertad, crecimiento y renovación	Celos, posesión, inseguridad, miedo a los cambios, tendencia a escarbar en el pasado
Azul turquesa	Curación, elocuencia y expresividad, independencia y protección	Alergias y otras disfunciones del sistema inmunológico, influenciable, expresividad limitada y vulnerabilidad
Azul cielo	Comunicación, creatividad, inspiración, expresión, paz, confianza, devoción, sinceridad y relajación	Falta de sinceridad, desconfianza, poca fiabilidad, tristeza e incapacidad de expresión
Lila	Imaginación, intuición, claridad de pensamiento, sueños, misterio y discreción	Paranoia, pesadillas, confusión y decepción
Violeta	Comprensión, conciencia elevada, desarrollo espiritual, unión con lo divino, idealismo, veneración y compromiso	Incomprensión e interpretación deficiente, fanatismo, dominación, sujeción a viejas creencias, y falta de fe
Plata	Clarividencia, el subconsciente, fluidez y transformación	Susceptibilidad y falta de estabilidad
Oro	Riqueza, abundancia, espiritualidad, ideales elevados, placer y ocio	Avaricia, pobreza, apatía, pereza y hedonismo
Blanco	Orden, plenitud, claridad, pureza, sentimiento de unidad con el todo, simplicidad e inocencia	Rigidez, extremismo, obsesión por la limpieza, puritanismo e ingenuidad
Marrón	Estabilidad y equilibrio, de recursos y nutritivo	Depresión, torpeza e incapacidad para el cambio
Negro	Fuerza profunda, autoconocimiento, discernimiento y capacidad de juicio	Tiranía, prejuicios, ceguera y rechazo al compromiso

El equilibrio apropiado

Tal y como puede deducirse del recuadro de la página anterior, es posible que en su entorno haya un exceso de cierto color y/o una carencia de otro. La meditación le ayudará a armonizar las energías de los colores.

La "Meditación de exploración del color" (recuadro inferior) le ayudará a familiarizarse con las distintas energías de los colores. También puede dar un paso más allá y explorar sus propios sentimientos respecto a cada color conforme la energía asociada a éstos vaya emergiendo.

Inspección profunda

Usted puede explotar la meditación que se indica en el recuadro inferior, utilizando diferentes tonos de colores. Por ejemplo, si el color azul es esta vez pálido, la próxima vez imagine un azul más oscuro o intenso. Intente identificar los cambios en sus energías y observe cómo se siente respecto a ellos. Es muy importante que tome conciencia de los sentimientos que los distintos colores provocan en usted, ya que pueden diferir de los indicados en el cuadro de la página anterior.

Meditación de exploración del color

Este ejercicio es muy bueno para mejorar la concentración y la capacidad de centrar la mente. Asimismo, le permitirá conocer desde "su propio interior" las energías de los distintos colores y lo que éstas significan para usted como individuo.

1   *Colóquese en posición sentada con las piernas cruzadas (véase págs. 14-15) o de pie (véase pág. 26).*

2   *Respire de forma natural y, si le ayuda a concentrarse, cierre los ojos.*

3   *Piense en el color rojo. Visualícese dentro de una burbuja de energía roja. Sienta la burbuja roja expandirse y contraerse al ritmo de su inspiración y espiración. ¿Cómo siente la energía? ¿Cómo es el color rojo que percibe: claro, oscuro, brillante o apagado?*

4   *Ahora piense en el color rosa. Una vez más, visualícese a sí mismo dentro de una burbuja rosa. ¿Qué tono de rosa tiene la burbuja? ¿Qué sentimientos le despierta? ¿Cómo siente su energía?*

5   *Ahora haga lo mismo con los colores; naranja, amarillo, verde, azul turquesa, lila, violeta, plata, oro, blanco, marrón y negro.*

6   *Cuando haya acabado, vaya saliendo de la meditación. Tome conciencia de todos los sentimientos que ha notado con cada uno de los colores, así como de sus energías, en particular, preste atención a las cosas que más le hayan gustado y disgustado.*

Mientras se concentra en cada color, esté atento a cualquier sentimiento que éstos le evoquen.

Utilizar los colores para solucionar los problemas

Atribuir colores a las personas o a las situaciones puede ayudarle a comprenderlas mejor. Por ejemplo, si tiene un problema con algún compañero de trabajo, visualícelo y pregunte a su subconsciente el color que asocia a dicha persona. Si aparece el color verde, es posible que usted tenga celos de dicha persona. Cuando identifique cuáles son las energías que predominan en su lugar de trabajo, podrá empezar a mejorar las cosas.

Los colores y los chakras

Meditar con diferentes colores y los siete chakras es una herramienta muy útil para reforzar su habilidad de visualización y para descubrir el poder de sus chakras.

Tal y como se ha mencionado anteriormente, cada chakra está asociado a un determinado color y calidad de energía (véase pág. 30). Usted puede explorar dichas energías y abrirlas mediante la "Meditación de los colores de los chakras".

Meditación de los colores de los chakras

Utilice esta meditación para recargar la energía de sus chakras e identificar las distintas cualidades asociadas a cada color.

1 Colóquese en la postura sentada o de piernas cruzadas (véase págs. 14-15). Asegúrese de que está sentado con la espalda bien recta y la columna y la cabeza alineadas. Relájese y respire de forma natural.

2 Visualice el primer chakra en la base de la columna vertebral. Imagine que el color rojo fluye en esta zona, sienta cómo la energía y el poder de este color revitalizan su chakra. ¿Qué siente?

3 Desplace su atención hacia arriba, al chakra siguiente situado en la parte inferior del abdomen, justo encima de la zona genital. Visualice cómo el color naranja fluye al interior de esta zona y aporta energía a su chakra. ¿Siente la energía de este chakra distinta a la del chakra basal?

4 Continúe con los distintos chakras, utilizando el amarillo para el plexo solar o zona umbilical, el verde para el corazón, el azul para la garganta, el lila para el entrecejo y el violeta para la coronilla ¿Siente diferencias en la energía de cada chakra?

5 Cuando acabe, realice un par de respiraciones profundas y vaya saliendo de la meditación. Abra los ojos.

Visualizar los chakras y los colores asociados a ellos puede ser una herramienta muy poderosa.

Meditación sobre el poder de la luz

Visualizar la luz en su meditación es una buena manera de utilizar sus especiales y potentes cualidades. La luz puede ser muy energética y curativa, tal y como ya hemos visto con anterioridad en el recuadro dedicado a la "Meditación de la flor dorada" (véase pág. 26) y también en la meditación de "Curar el cuerpo" (véase págs. 42-43).

Asimismo, se puede meditar sobre la luz de otras formas. Por ejemplo, meditar sobre la luz solar es muy estimulante y puede aliviar incluso el trastorno afectivo estacional (TAE) o "depresión invernal". Parece ser que esta afección se produce por la escasez de luz natural, lo que suele ocurrir durante los meses de invierno, o afecta a personas que han pasado largos períodos en la oscuridad o en lugares poco soleados.

Por otro lado, la utilización de luces de color para meditar puede servir para abrir ciertas

Concentrarse en la llama de una vela puede aportar claridad a la mente.

energías. Si quiere comprobarlo por usted mismo, realice simplemente la "Meditación de los colores de los chakras" (véase pág. 47), pero, en lugar de visualizar las energías sólo como colores, visualícelas como luces del color asociado a cada chakra: luz roja para el chakra basal, luz anaranjada para el siguiente, y así sucesivamente.

Usted también puede meditar sobre la luz para mejorar su capacidad de concentración. La "Meditación de la vela" (recuadro de la página siguiente) es un ejercicio muy sencillo, que estabiliza la mente y proporciona paz y relajación.

Utilizar luces de diferentes colores durante la meditación puede ayudar a desbloquear determinadas energías.

Meditación de la vela

Para este ejercicio necesitará un lugar tranquilo y oscuro y una vela encendida. Una sencilla vela de color blanco o beige es lo más aconsejable.

1 *Colóquese en postura sentada, con las piernas cruzadas o de rodillas (véase págs. 14-15). Escoja la postura que le sea más cómoda y pueda mantener durante un rato. Coloque la vela encendida delante de usted.*

2 *Relájese, respire de forma natural y dirija su mirada hacia la llama. Vacíe su mente de pensamientos y concéntrese sólo en la llama. No fije la mirada, dirija sus ojos suavemente hacia la llama y parpadee cuando lo necesite. Deje que su mente vaya alcanzando un estado receptivo, un estado alfa (véase pág. 7). Si su mente se distrae, recondúzcala de nuevo hacia la llama con delicadeza pero con firmeza.*

3 *Realice este ejercicio tanto tiempo como le sea posible y le resulte cómodo, luego vaya finalizando poco a poco la meditación.*

Debe tenerse en cuenta que el objetivo principal del ejercicio de la "Meditación de la vela" es, sobre todo, mejorar la concentración y la capacidad de centrar la atención de la mente. Sin embargo, usted también puede adaptarlo para desarrollar otras cualidades. Por ejemplo, puede utilizar una vela de un color determinado para explorar una energía en particular. Quizás desee utilizar una vela verde para que le ayude a restablecer los sentimientos de amor y armonía después de una discusión (véase pág. 45 para las propiedades de los distintos colores). Asimismo, puede utilizar el ejercicio de las velas para mejorar su "Capacidad de visualización": cierre los ojos al final del paso 2 y trate de ver la vela mentalmente y con el mayor detalle posible. Después, vaya concluyendo la visualización.

La volubilidad de la llama de una vela proporciona a la inquieta mente un objeto sobre el que fijar su atención. De esta manera es posible detener el "parloteo mental" y desarrollar la capacidad de concentración.

El poder del sonido

A finales del siglo XIX, unos médicos estadounidenses descubrieron que ciertos tipos de música estimulaban el flujo sanguíneo. Desde entonces, el interés médico por las propiedades terapéuticas del sonido ha ido aumentando paulatinamente.

Cómo nos afecta el sonido

El sonido afecta a nuestras emociones y por tanto, al igual que el color y la luz, también influye sobre nuestro estado de ánimo. El sonido puede penetrar hasta el fondo de nuestro organismo y modificar nuestra forma de sentir e incluso la manera de reaccionar en determinadas circunstancias. El sonido está constituido por ondas de presión que vibran a distintas frecuencias. Los diferentes niveles de sonido nos afectan en distinta medida. Por ejemplo, un sonido agudo, como el de un grito, puede crisparnos los nervios y ponernos tensos, mientras que el suave murmullo del agua de una fuente es capaz de relajarnos. De la misma manera, la música suave y bonita nos calma e inspira nuestra creatividad, mientras que la música alta y estridente nos irrita y nos pone nerviosos. En casos extremos, la música muy alta puede producir dolor de cabeza e incluso lesiones en el oído.

Pero siempre hay excepciones. A veces sonidos estridentes y caóticos pueden aportarnos energía e inspirar nuestra creatividad. Así, por ejemplo, el fascinante *Bolero* de Maurice Ravel se inspiró en el incesante y rítmico ruido de un aserradero. Sin embargo, estos casos son bastante raros, y lo más conveniente es mejorar la calidad del sonido que nos rodea, de forma que podamos relajarnos y evitar el aumento de estrés en nuestras vidas. Así conseguiremos una mejor calidad de vida y ser más felices.

Sonidos curativos

Las investigaciones sobre el potencial terapéutico del sonido no han concluido todavía, pero parece ser que ciertas ondas sonoras

Las personas se sienten atraídas por las fuentes, manantiales y saltos de agua por el efecto tranquilizador del sonido del agua.

La música clásica suele tener un efecto calmante sobre la mente y, en ocasiones, también es fuente de inspiración.

afectan a nuestro pulso, respiración y presión sanguínea, además de mejorar la claridad mental. Los terapeutas del sonido utilizan hoy en día máquinas que reproducen sonidos curativos, que dirigen a las partes afectadas del cuerpo para curarlas. También utilizan sonidos en el tratamiento de personas autistas con el objetivo de ayudarlas a oír de forma adecuada.

Las investigaciones realizadas tanto en los Estados Unidos como en Europa durante las décadas de los años ochenta y noventa indican que la música puede ser utilizada para reducir los niveles de estrés y para acelerar la recuperación de ciertas enfermedades. Cada vez es mayor la demanda de terapeutas musicales para el tratamiento de pacientes con problemas de aprendizaje y otras minusvalías físicas o psíquicas. En algunos casos, la música estimula a los pacientes a encontrar una forma de expresarse, en otros, la música puede llegar a calmar el dolor.

El uso de las propiedades del sonido

Usted puede utilizar el sonido en la meditación de muchas maneras distintas. Por ejemplo, puede poner una bonita pieza como música fondo. En este sentido, soy de la opinión de que las obras instrumentales funcionan muy bien como música de fondo para la meditación y recomendaría, en especial, la música clásica o la música New Age. Los sonidos de la naturaleza, como el romper de las olas en la orilla del mar, también ayudan a crear una atmósfera adecuada. Cualquiera que sea el sonido que escoja, aplique la "Meditación con atención vigilante" (véase pág. 18). Esté atento a cada uno de los sonidos a medida que estos se produzcan. De esta manera, su percepción de los sonidos será cada vez mayor y más intensa.

Utilizar los sonidos para solucionar los problemas

Al igual que los colores (véase pág. 47), los sonidos pueden ayudarle a comprender mejor a la gente o ciertas situaciones. Si le cuesta entender a cierta persona, visualícela y pídale a su subconsciente que se la describa con un sonido. Si se trata de un susurro, podría significar que la persona en cuestión es bastante tímida o insegura. Si se trata de un zumbido intenso, entonces es posible que se trate de una persona dominante o insensible. El sonido y su interpretación son indicadores de sus sentimientos y lo sitúan en una posición idónea para mejorar su relación con los demás.

El sonido en el cuerpo

Los cantos y los mantras (véase pág. 24) ayudan a estabilizar la mente y producen una sensación de tranquilidad y paz. Las vibraciones se sienten por todo el cuerpo y pueden conducir a un estado de euforia. Experimente con algunos sonidos y mantras y sienta los efectos que las distintas vibraciones tienen sobre su organismo.

La "Meditación de los sonidos de los chakras" está relacionada con las vibraciones propias de cada uno de los siete chakras (véase pág. 28). Al igual que la "Meditación de los colores de los chakras" (véase pág. 47), este ejercicio le ayudará a identificar sus chakras y a liberar todo su poder.

Meditación de los sonidos de los chakras

Esta meditación es mejor que la realice en un sitio silencioso, donde ningún ruido pueda molestarle.

1 *Adopte la postura sentada con las piernas cruzadas (véase pág. 14-15). Relájese y respire de forma natural. Visualice el chakra en la base de la columna vertebral. Produzca un sonido largo con la sílaba "Do" lo más grave que pueda. Imagine el "Do" saliendo de su propio chakra. Déjelo vibrar unos 10 segundos por lo menos. ¿Qué siente?*

2 *Desplace su atención hacia el segundo chakra, situado en la parte inferior del abdomen. Produzca un largo sonido con la sílaba "Re", pero un poco más agudo que el "Do" anterior. Mantenga el sonido unos 10 segundos por lo menos y trate de imaginárselo saliendo del segundo chakra. ¿En qué se diferencia la energía de este chakra de la energía del chakra basal?*

Practicar los cantos en grupo puede intensificar el poder de los sonidos.

3 Desplace su atención al plexo solar o zona umbilical y produzca un largo sonido "Mi", en un tono más alto que el "Re" anterior. Otra vez, y durante toda la meditación, mantenga el sonido por lo menos 10 segundos. ¿Qué siente?

4 Concéntrese en el chakra del corazón y produzca un sonido con la sílaba "Fa", en un tono más alto que el "Mi" anterior. Sienta las vibraciones de la zona torácica. ¿Cómo es la energía que siente?

5 Ahora, concéntrese en el chakra de la garganta y produzca un sonido con la sílaba "Sol", en un tono más alto que el "Fa" anterior. ¿Puede sentir la diferencia a medida que los sonidos van haciéndose cada vez más agudos?

6 Desplace su atención al chakra del entrecejo y produzca un sonido con la sílaba "La", en un tono más alto que el "Sol" anterior. Luego, desplace su atención al chakra de la coronilla y produzca un sonido con la sílaba "Si", que debe ser el más agudo de todos los sonidos de este ejercicio. ¿Qué siente?

7 Finalmente, quédese totalmente quieto. Escuche los sonidos en su propio interior. Ponga especial atención en ellos, porque eso le permitirá tomar mayor conciencia de su propio cuerpo. Luego, respire profundamente y vaya saliendo de la meditación.

Nota
Puede utilizar cualquier sonido para este ejercicio, siempre y cuando esté compuesto por una sola sílaba; haga que resuene en su cuerpo. Siga usando el mismo sonido, pero subiendo el tono a medida que cambie de chakra.

El uso de aromas en la meditación

Desde la antigüedad, se ha tenido conciencia del poder emocional de los olores. Durante milenios, el hombre ha utilizado el incienso y otros aceites aromáticos en sus rituales. Los perfumes tienen el poder de cambiar nuestro estado de ánimo y pueden evocar en nosotros imágenes y recuerdos muy lejanos.

Cómo nos afectan los olores

Nuestro sentido del olfato es muy sensible y actúa como un sistema de alerta que nos ayuda a detectar posibles amenazas a nuestra seguridad. Por ejemplo, si en su casa hay humo, su olfato le alertará sobre la posible existencia de fuego.

Lo que sucede es que lo que detectamos con la nariz la mente lo asocia a una imagen o a una

El olfato es el más evocador de los sentidos. Una simple fragancia, como la del limón, puede, como por arte de magia, precipitar la visualización de una persona o lugar determinados.

idea. Así pues, si el olfato identifica humo, el cerebro lo relaciona con fuego y con algo que se está quemando. Esta asociación entre el olor que detectamos y la imagen que el cerebro crea como respuesta es la razón por la que el olor puede servir a nuestra imaginación como fuente de inspiración.

Los efectos físicos de los olores

Lo que olemos también tiene un efecto sobre nuestro cuerpo. Esto es debido a que, tal y como se ha dicho con anterioridad, nuestro cuerpo no distingue entre las cosas que visualiza y la realidad propiamente dicha (véase pág. 34). Si pensamos en algo que nos hace felices, el cerebro produce endorfinas ("hormonas de la felicidad") y experimentamos una sensación de alegría (véase pág. 35).

De la misma manera, todo lo que olamos nos afectará físicamente. El olor, detectado en la nariz, es interpretado luego por el cerebro, el cual produce una imagen o idea y éstas desencadenan la respuesta del cuerpo. Por este motivo, no debemos subestimar el poder que los olores tienen sobre nosotros.

Aromas curativos

Dado que los olores pueden afectar a nuestro cuerpo físico, no es de sorprender que desde la antigüedad se hayan utilizado fragancias para curar. De hecho, el arte de la aromaterapia viene siendo practicado desde hace miles de años. El registro más antiguo data del año 4500 a.C. en la China. Los antiguos egipcios también utilizaban aceites esenciales, tanto con fines terapéuticos como para embalsamar.

En la Grecia antigua, el gran médico Hipócrates (460-377 a.C.), conocido como el "padre de la medicina", utilizaba hierbas aromáticas y especias para tratar a sus pacientes. Y más tarde, el cirujano griego Galeno (130-201 d.C.) usó aceites esenciales (véase pág. 62) para su trabajo. Estos aceites esenciales, o líquidos aromáticos, se obtienen generalmente de las plantas.

En la Europa medieval, las hierbas solían utilizarse para combatir enfermedades,

Hipócrates utilizó hierbas medicinales para tratar la enfermedad.

y en la época del Renacimiento, la reina Isabel I de Inglaterra (1533-1603) apoyó el uso de hierbas aromáticas, especias y aceites.

Desde entonces, un gran número de químicos europeos han publicado estudios sobre los usos terapéuticos de los aceites esenciales y, hoy en día, la aromaterapia es cada vez más conocida y utilizada en el tratamiento y la conservación de una buena salud.

Los aromas de las distintas hierbas y flores pueden afectar a nuestro estado de ánimo y a nuestro bienestar en general.

Los aceites de hierbas han sido utilizados con fines terapéuticos desde hace miles de años, y la aromaterapia es hoy en día una terapia ampliamente difundida.

Cómo utilizar el poder de los aromas

Usted puede utilizar el poder de los aromas de muy distintas maneras. El incienso, por ejemplo, puede ayudarle a crear un ambiente adecuado para la meditación. Utilice varillas de incienso o queme carbón de incienso en un incensario. También puede utilizar un quemador de aceites esenciales: rellene el recipiente con agua y vierta unas gotas del aceite escogido, luego, prenda la vela en la parte inferior y enseguida comprobará cómo su espacio de meditación queda impregnado de la fragancia seleccionada. Puede conseguir material de aromaterapia en cualquier tienda especializada.

Utilizado en muchas ceremonias religiosas, el incienso le puede ayudar a abrir la mente para la meditación.

Quemar un aceite esencial mientras realiza la meditación "Curar el cuerpo" (véase págs. 42-43) puede ser una forma muy eficiente de sanar el cuerpo y la mente. Asimismo, usted puede añadir unas cuantas gotas de aceite esencial a su baño y realizar la meditación curativa mientras se baña.

En el recuadro contiguo se incluyen los aceites esenciales más importantes junto a sus propiedades más relevantes relacionadas con la meditación. Tenga presente que muchos de estos aceites son muy fuertes y algunos no son adecuados para los niños, mujeres embarazadas o en período de lactancia, personas convalecientes o personas que padezcan una enfermedad grave. Si tiene alguna duda, consulte primero con un aromaterapeuta cualificado.

Los aceites de aromaterapia pueden crear un ambiente propicio para la meditación y la relajación.

Muchas hierbas aromáticas, como el ilang ilang y la bergamota, tienen propiedades medicinales.

Los aceites esenciales y sus propiedades curativas

Aceite esencial	Acción	Propiedades curativas
Bergamota	Estimulante, refrescante, tranquilizante, energético y revitalizador	Alivia el estrés, restablece el apetito y alivia la depresión y la ansiedad
Ciprés	Purificador, sedante y vigorizante	Calma el sistema nervioso y alivia los síntomas de la menopausia, las alergias y el estrés
Geranio	Estimulante y equilibrante	Alivia los síntomas premenstruales y la depresión, calma el sistema nervioso y levanta el ánimo
Jengibre	Calienta, favorece la circulación, tiene propiedades relajantes y anticatarrales	Ayuda a prevenir y aliviar los mareos y las náuseas de viaje, estimula al sistema inmunológico contra los resfriados y la gripe, alivia el sistema digestivo y mejora la circulación
Pomelo	Relajante, purificante, estimulante, y equilibrante emocional	Ayuda a regular las emociones, alivia el estrés y la ira y ayuda a combatir los resfriados y los problemas respiratorios
Enebro	Purificante, estimulante, revitalizador, tranquilizante y sedante	Aumenta la claridad mental, y la concentración, alivia los dolores y tranquiliza la mente y el cuerpo
Lavanda	Relajante, sedante, equilibrante, purificante y armonizador	Regula la hipertensión arterial, alivia los dolores de cabeza debidos a la tensión o al estrés y es especialmente sedante para las mujeres después del parto
Limón	Purificante, refrescante y estimulante	Reduce el cansancio mental, alivia el estrés, estimula la concentración y mejora la circulación
Naranja	Relajante y sedante	Ayuda a prevenir los mareos de viaje, ayuda a la digestión y alivia los dolores de cabeza debidos a la tensión o al estrés
Sándalo	Purificante, relajante, equilibrante, afrodisíaco y descongestionante	Calma el sistema nervioso, alivia los problemas emocionales, tiene un efecto equilibrante sobre la mente, el cuerpo y el espíritu, y también calma la mente y la prepara para la práctica de la meditación
Ilang ilang	Calmante, euforizante, equilibrante, purificante, vigorizador y afrodisíaco	Útil en el tratamiento de los problemas sexuales, previene la hiperventilación, calma la ansiedad, ayuda a regular el pulso, reduce los ataques de pánico y alivia la depresión

La meditación en situaciones de gran estrés

A veces, incluso habiéndolo planificado con mucho cuidado, el ritmo de vida se vuelve frenético y estresante. Los retrasos debidos al tráfico, llamadas inesperadas o acontecimientos imprevistos pueden causar estragos en nuestra vida cotidiana. Entonces, llegan los problemas y nos parece que no podremos superarlos. En estos casos, intente realizar cualquiera de las meditaciones rápidas que le proponemos a continuación.

Meditación de viaje

Esta meditación es especialmente buena para aliviar el estrés cuando está llegando tarde a algún sitio. Puede realizarla en cualquier parte: en el tren, en el autobús, en un atasco, etc. En cualquier caso, para su seguridad, no conduzca mientras realice este ejercicio.

1 *Afloje todo el cuerpo, relaje todas las partes que sienta tensas y realice un par de respiraciones profundas.*

2 *Acepte que está haciendo todo lo que está en su mano para recuperar el tiempo perdido. No hay nada que pueda hacer para llegar antes.*

3 *Concéntrese en su respiración y visualice que la ansiedad o la preocupación sencillamente se va flotando con la espiración. No la siga, simplemente déjela marchar.*

4 *Cada vez que la ansiedad intente volver, silénciela con delicadeza y reconduzca su mente hacia su calma y paz interiores. Si el "parloteo mental" continúa, trate de repetir el mantra "PAZ" en cada espiración.*

La visualización puede transportar su mente al más tranquilo de los escenarios y en tan sólo un instante.

Paso a paso

Esta meditación le proporciona un rápido alivio cuando está sobrecargado
de quehaceres. A largo plazo, sería recomendable que aligerara la carga (véase pág. 10),
estableciendo una escala de prioridades.

1 *Deje lo que esté haciendo y tómese unos segundo para
relajarse. Libere la tensión de su cuerpo y respira de
forma natural.*

2 *Acepte que no puede hacer muchas cosas a la vez.
Sólo puede hace una cosa después de la otra. Decida
concentrarse en un solo quehacer y limpie su mente de cualquier
otro pensamiento. Siempre que su mente trate de pensar en otras
cosas que debieran hacerse, recondúzcala con delicadeza a la tarea
que tiene entre manos.*

3 *Ahora concéntrese en el quehacer, aplicando la atención
vigilante (véase pág. 18). Esté atento a todo lo que puede
serle de utilidad en la tarea en cuestión y utilice todos sus sentidos
al máximo: vista, olfato, tacto, etc. Tranquilamente, obsérvese a usted
mismo realizar la tarea hasta que la haya terminado. A continuación,
desplace su atención a la siguiente tarea, y así sucesivamente.*

Cambiar de perspectiva

Esta visualización es especialmente recomendable cuando se encuentre en una situación
particularmente frustrante o estresante. Le ayudará a tomar distancia y a ver la situación
desde otro ángulo. Con un poco de práctica, será capaz de hacer
todo el ejercicio en unos pocos segundos.

1 *Tómese unos segundos y esté atento a su persona. A
continuación, tome conciencia de las cosas que le rodean.*

2 *Mientras hace esto, deje que su conciencia se expanda para
sentir todo lo que pasa en un radio de varios kilómetros a la
redonda. Intente verlo todo: la gente viajando en el autobús, entrando
en los edificios o trabajando en el campo; en función de dónde se
encuentre, deje que su mente imagine lo que más se ajuste al lugar.*

3 *Vaya aumentando de forma gradual la imagen mental
anterior, hasta incluir en ella todo el país. Imagine a toda la
gente de pueblos y ciudades dirigiéndose a sus lugares de trabajo, los
del norte, los del sur, los del este y los del oeste.*

4 *Deje que su conciencia vaya expandiéndose de forma
progresiva, hasta que su país tome forma dentro de la
imagen de toda la Tierra. Visualice el planeta moviéndose en el
espacio. Observe lo pequeños que son sus continentes y sus mares.
Tome conciencia de su propia presencia en el globo, de lo pequeño
e imperceptible que es desde ese punto de vista.*

5 *Cualquier cosa que le haya estado
preocupando hasta el momento
le parecerá muy pequeña en
comparación con la visión de todo
el plantea. Intente mantener
estas proporciones hasta que
haya relativizado su
problema: dígase a sí
mismo que su propia
situación es realmente
insignificante y que
puede superarla.*

*Expandir su
conciencia a todo
el globo puede
ayudarle a
relativizar sus
problemas.*

Burbujas de protección

Siempre que se sienta vulnerable, intimidado o simplemente necesite protegerse de algo, intente la siguiente visualización. Este ejercicio le ayudará a distanciarse de la fuente de su preocupación y le hará sentirse seguro y protegido.

 Sacúdase las tensiones de su cuerpo y relájese cualquiera que sea la postura en la que esté. Respire con naturalidad.

2 *Visualícese dentro de una burbuja de luz blaquiazul. Usted se siente seguro dentro de ella. La burbuja está cargada con chispeante energía protectora. La burbuja se mueve con usted y, a pesar que su interior es suave, la parte exterior es muy fuerte, como una coraza, protegiéndole de todo lo que pueda angustiarle y alejando todo aquello que pueda preocuparle.*

Concéntrese en eliminar las tensiones de todo el cuerpo para conseguir un estado de verdadera relajación.

3 *Mientras está dentro de la burbuja, concéntrese en la respiración. Visualice cómo la luz blanquiazul entra y sale de su cuerpo al ritmo de su respiración. La chispeante luz le inunda de fuerza y energía.*

4 *Permanezca dentro de la burbuja hasta que la presión haya pasado y se sienta lo bastante seguro como para salir de ella.*

Avivar la confianza

Esta visualización le ayudará a enfrentarse con tranquilidad a las situaciones difíciles.
Así que, si usted necesita calmar sus nervios y avivar la confianza en sí mismo, quizás para una
entrevista de trabajo o antes de hablar en público, esta meditación es la ideal.

1   Tómese unos segundos para liberar la tensión de su cuerpo. Realice un par de respiraciones profundas y luego respire con normalidad.

2   Visualícese enfrentándose a la situación en cuestión con plena confianza en sí mismo. Si por ejemplo se trata de una entrevista de trabajo o de hablar en público, visualícese con una exultante confianza y seguridad en sí mismo. Usted se siente relajado y habla con toda tranquilidad y seguridad a la persona que le entrevista o a la audiencia. Su actuación es impecable y sus palabras entusiasman a su entrevistador o audiencia. Usted responde feliz y seguro a todas las preguntas. Al final, el entrevistador o la audiencia muestran un gran entusiasmo por lo que ha dicho y usted se siente feliz de lo bien que ha actuado.

3   Mantenga esta imagen en su mente tanto rato como le sea posible. Para reforzar la visualización, intente repetir una afirmación positiva. Algo así como: "Puedo sobrellevar esta situación" o "Estoy muy seguro de mí mismo" (véase pág. 20).

Nota

También puede hacer esta meditación
para calmar sus nervios antes de un
examen. Sustituya el paso 2 por lo que
le indicamos a continuación:
Visualícese a sí mismo sintiéndose muy
a gusto con el examen y muy seguro
escribiendo o exponiendo oralmente las
respuestas. Usted está relajado y feliz, y
habla o escribe con soltura y seguridad.
Al final, visualícese sintiéndose muy feliz
por lo que ha hecho y lleno de confianza
y seguridad de superar el examen.

*Si está nervioso, tómese unos minutos
para visualizarse seguro y confiado.*

Glosario

Aceites esenciales
Se trata de líquidos aromáticos que suelen obtenerse a partir de la destilación o el prensado de ciertas partes de las plantas. Son muy potentes y se utilizan para curar enfermedades y crear un estado mental adecuado.

Adrenalina
Hormona que produce el cuerpo para el mecanismo de respuesta "luchar o huir". Cuando la glándula suprarrenal libera la adrenalina en el organismo, se produce un efecto sobre los músculos, la circulación y el metabolismo de los azúcares. El ritmo cardíaco se acelera, se respira más deprisa y con menor profundidad, y aumentan las tasas metabólicas.

Afirmación
Una declaración o frase que se repite uno a sí mismo, mentalmente o en voz alta, hasta que la constante repetición hace que la frase pierda su sentido y sólo sea percibida como un sonido en la cabeza. La repetición de una afirmación ayuda a tranquilizar la mente y permite que los mensajes puedan pasar a la parte derecha del cerebro, sede de la intuición y los sentimientos. Las afirmaciones pueden tener un gran efecto sobre la mente, el cuerpo y el bienestar general de la persona.

Aromaterapia
Sistema de curación que se sirve de aceites esenciales de plantas para tratar las enfermedades. Entre sus métodos se incluye el masaje y el baño con aceites esenciales, así como la evaporación de los aceites esenciales mediante quemadores especiales.

Atención vigilante
Estado mental en que se está totalmente consciente y atento a cualquier cosa que esté sucediendo en el momento presente. Agudiza la sensibilidad y hace que sintamos las cosas con mayor intensidad. También ayuda a estar más atento y a ser más observador, así como a realizar las tareas de forma más eficiente.

Ayurveda
Sistema hindú de curación cuyo objetivo es restablecer la salud del cuerpo mediante remedios de hierbas, dieta, ejercicios respiratorios, purificación, posturas de yoga y masajes.

Chakras
Centros de energía del cuerpo. Estas ruedas de energía espiritual mantienen nuestros cuerpos y espíritus en equilibrio y almacenan la fuerza vital invisible que los yoguis denominan *prana*, los chinos *chi*, y los japoneses *qi*.

Chi
Fuerza vital invisible que todo lo penetra; envuelve y está dentro de todas las cosas. Los yoguis la llaman *prana*, los japoneses *qi*.

Endorfinas
Compuestos químicos producidos en la glándula pituitaria. Tienen propiedades analgésicas y son responsables de la sensación de placer. Se las suele denominar "hormonas de la felicidad".

Estado alfa
Se trata de un estado en que el cerebro emite señales eléctricas lentas, denominadas ondas "alfa". En estado alfa, somos menos activos y más receptivos y abiertos a los sentimientos. El estado alfa se produce con preferencia cuando vivimos en el presente, en lugar del futuro o pasado.

Estado beta
Estado en que el cerebro emite señales eléctricas más rápidas, denominadas ondas "beta". En este

estado, somos capaces de razonar, analizar o pensar en el futuro y en el pasado. Solemos estar en estado beta cuando estamos despiertos y en un estado mental de "ocupados pensando".

Kundalini

Energía durmiente almacenada en el chakra basal y que los yoguis pretenden reactivar e impulsar hacia arriba a través de la totalidad de los chakras.

Mantra

Sonido, palabra o frase que uno puede repetirse a sí mismo. El sonido y las propiedades del mantra son de gran importancia y pueden resonar por todo el cuerpo hasta llegar a transformar la conciencia. Algunos creen que los mantras tienen poderes mágicos.

Musicoterapia

Sistema natural de curación en que se anima a los pacientes a utilizar la música para aliviar el dolor y la ansiedad, y acelerar el restablecimiento de un amplio abanico de enfermedades.

Prana

Fuerza vital invisible que todo lo penetra. Los chinos la denominan *chi*, los japoneses *qi*.

TAE, Trastorno Afectivo Estacional

Una afección en que el ánimo de la persona está en consonancia con la estación anual. Durante el invierno se produce una depresión, la mente y el cuerpo se vuelven más torpes y se come y duerme en exceso. Con la llegada de la primavera, los síntomas se invierten. La exposición a más horas de luz natural parece aliviar este trastorno. A pesar de todo, no se considera el TAE como una enfermedad clínica propiamente dicha.

Terapia del sonido

Sistema de curación cuyos practicantes trabajan con la voz o con instrumentos electrónicos o acústicos para generar ondas de sonido, que al parecer tienen el efecto de restablecer el equilibrio del cuerpo y de la salud.

Sushumna

Un canal central del cuerpo, a lo largo del cual están distribuidos los siete chakras en orden ascendente. Está relacionado con los nervios espinales.

Índice

Créditos de las fotografías